Noemi Staszewski

Mona und der alte Mann

Inhalt

* Übrigens: Die in der Erzählung fett gedruckten Begriffe findest du im Glossar ab Seite 95 ausführlich erläutert.

Kapitel 1

Wie alles anfing

Mona hatte den ganzen Nachmittag mit ihren Freunden auf dem Spielplatz verbracht. Sie trafen sich immer hier, wenn schönes Wetter war und sie ihre Hausaufgaben beendet hatten. Auf der Skateboard-Bahn und dem geteerten Weg um den Spielplatz konnte man sehr gut mit den Rollerblades um die Wette fahren und der kleine Park war überhaupt ganz gemütlich. Es war schon spät, die meisten Kinder waren bereits nach Hause gegangen. Nur ein paar ältere Jugendliche saßen noch hinten bei den Schaukeln und rauchten. Mona verstand nicht, wie man daran Spaß haben konnte. Schon alleine der Gestank des Zigarettenqualms ekelte sie an. Und dafür auch noch Geld auszugeben, wo das Taschengeld sowieso nie reichte!

Mona blickte sich auf dem Spielplatz um. Auf einer Bank in der Nähe des Eingangs saß ein alter Mann. Ihr fiel jetzt ein, dass sie ihn eigentlich schon öfter auf dieser Bank sitzen gesehen hatte, aber sie war immer viel zu beschäftigt gewesen, um ihn richtig zu betrachten. Jetzt setzte sie sich auf einen großen Stein neben der Rutsche, holte einen Apfel aus ihrer Jackentasche

und beobachtete den Mann aus den Augenwinkeln. Er hatte ein lustiges Gesicht mit lauter kleinen Fältchen, kleinen Augen und einem Schnauzbart. Seine Haare waren weiß, soweit Mona sie unter dem Hut, den er auf dem Kopf hatte, sehen konnte. Ein paar davon hatte er sich hinter die Ohren gesteckt. In seinen Händen hielt er ein Buch, das in einen blauen Schutzumschlag gehüllt war. Der war mit bunten Figuren und Symbolen beklebt und sah wie eine Arbeit aus dem Handarbeitsunterricht aus.

Eine Weile betrachtete Mona den alten Herrn. Das Buch in seiner Hand machte sie neugierig. Sie liebte Bücher. Am liebsten las sie Geschichten über das Leben in alten Zeiten, als es noch Ritter und Könige gab. Und sie liebte *alte* Bücher. Die hatten meistens ganz tolle Zeichnungen oder Bilder und waren in richtiges Leder eingebunden, in das schöne Ornamente eingeprägt waren. Als sie ihren Apfel aufgegessen hatte, schlenderte sie langsam zu der Bank hinüber, ganz so, als würde sie zufällig dort vorbeigehen. Aus den Augenwinkeln linste sie in das Buch. Es sah seltsam aus, die Schrift bestand aus lauter ihr unbekannten Zeichen. Ob das eine Geheimschrift war? Mona ging näher an den alten Mann heran. Auf dem Boden lag ein Lesezeichen,

das ihm offenbar heruntergefallen war. Sie bückte sich, hob es auf und sagte: »Das haben Sie wohl verloren!«

»Danke, mein Kind«, antwortete der Mann, »sehr nett von dir.«

»Das ist aber eine komische Schrift, die habe ich ja noch nie gesehen«, sagte Mona.

Der Mann schmunzelte. »Es ist eine sehr alte Schrift und eine sehr alte Sprache. Man nennt sie **Hebräisch**.«

»Und warum können *Sie* diese Schrift lesen?«, fragte Mona erstaunt.

»Als ich ein kleiner Junge war, habe ich in der Schule Hebräisch gelernt, weil in dieser Sprache die Bibel geschrieben ist.«

Mona schaute den Mann von der Seite an. »Aber meine Bibel ist in Deutsch geschrieben«, protestierte sie.

»Das stimmt«, erwiderte der Mann. »Deine Bibel besteht sicher aus dem Alten und dem Neuen Testament. Sie wurden vor etwas mehr als 450 Jahren

ins Deutsche übersetzt. Meine Bibel ist ungefähr das, was du das Alte Testament nennst. Wir nennen es den **Tenach**. Er wurde vor etwas mehr als 2000 Jahren geschrieben und ist die Geschichte meines Volkes. Der erste Teil, die **Torah** oder die fünf Bücher Moses, wurde schon vor etwa 2500 Jahren geschrieben, und zwar in Hebräisch. Später wurde sie dann ins Griechische übersetzt, von da ins Lateinische, und du liest sie heute in Deutsch.«

Mona brummte der Kopf. Tenach, Torah, die sonderbaren Zeichen, die Hebräisch heißen; sie hatte diese Worte noch nie gehört. Was hatte der Mann gesagt? Die Bibel ist die Geschichte seines Volkes?

»Was ist das für ein Volk, von dem die Bibel erzählt?«, wollte Mona wissen.

»Sie erzählt die Geschichte des jüdischen Volkes. Ich bin **Jude**«, antwortete der Mann.

»Sind Juden nicht Menschen, die eine bestimmte Religion haben?«, fragte Mona verwundert.

»Das ist richtig«, antwortete der Mann, »Juden gehören zu einem Volk, das eine eigene Religion hat.«

»Gehöre ich dann zum evangelischen Volk?«, wollte Mona wissen.

»Nein«, sagte der Mann und lachte. »Die evangelische Religion hat sich über viele Völker verbreitet, weil die christlichen Missionare in die ganze Welt ausgeschwärmt sind, um die Menschen überall vom Christentum zu überzeugen. Auch Juden gibt es fast überall auf der Welt. Aber sie missionieren nicht. Ihre Vorfahren sind meist aus irgendeinem Grund dort eingewandert, oft vor vielen Generationen. In Deutschland z. B. gibt es Juden schon seit 2000 Jahren. Sie kamen damals mit den Römern hierher und ließen sich in den Garnisonsstädten am Rhein nieder.«

»Das hört sich ja wie Geschichtsunterricht an«, dachte Mona. Sie schaute auf die Uhr. »Oh, ich muss jetzt ganz schnell nach Hause gehen, meine Eltern warten sicher schon auf mich.«

»Lauf nur nach Hause, Eltern soll man nicht warten lassen, die machen sich sonst Sorgen«, erwiderte der alte Herr und stand auf. »Vielleicht treffen wir uns ja mal wieder. Es war nett, sich mit dir zu unterhalten. Wie heißt du eigentlich?«

»Ich heiße Mona und Sie, wie heißen Sie?«, wollte Mona wissen.

»Mein Name ist Joel Schwarz.«

»Na dann auf Wiedersehen, Herr Schwarz«, rief Mona ihm schon halb im Gehen zu. »Der ist aber nett«, dachte sie bei sich. Sie wollte in den nächsten Tagen darauf achten, ob er wieder auf dem Spielplatz saß.

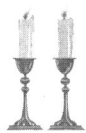

Kapitel 2

Der siebte Tag der Woche

Es dauerte einige Tage, bis Mona wieder auf den Spielplatz kam. In der Schule war Stress angesagt. Die ganze Woche hatte sie für Arbeiten gelernt. Jetzt endlich war Samstag und sie hatte zwei Tage Ruhe vor der Schule. Es war noch früh am Nachmittag, und als Mona auf den Spielplatz kam, sah sie nur wenige Kinder. Von ihren Freunden war niemand da. Aber Joel Schwarz saß auf seiner Bank und winkte ihr zu, als sie durchs Tor lief. Er hatte einen richtig schicken Anzug an, trug ein weißes Hemd und eine Krawatte, und selbst sein Hut war in einem edlen Dunkelgrau. Er sah aus wie neu.

»Hallo, Herr Schwarz«, rief ihm Mona schon über den Platz zu und setzte sich zu ihm auf die Bank. Jetzt bemerkte sie, dass ihm Fäden aus der Hose hingen.

»Irgendwie merkwürdig«, dachte sie bei sich. »Er sieht aus wie aus dem Ei gepellt und trägt darunter irgendwelche Fetzen.« Aber sie wagte nichts zu sagen.

»Wie geht es Ihnen? Sie sehen ja aus, als würden Sie auf eine Hochzeit gehen.«

»Auf eine Hochzeit?« Joel Schwarz schmunzelte. »Du meinst, weil ich so festlich angezogen bin? Das ist mein **schabbesdicker** Anzug, den ziehe ich jeden **Schabbat** an.«

»Was ist denn Schabbat?«, wollte Mona wissen.

»Schabbat ist der hebräische Name für Samstag. Das ist unser Ruhetag. Du kennst doch sicher die Schöpfungsgeschichte aus der Bibel.«

»Natürlich«, sagte Mona. »Damit fängt doch die Bibel an.«

»Ja, damit beginnt das 1. Buch Moses«, fuhr Joel Schwarz fort. »Dort steht, dass Gott die Schöpfung nach sechs Tagen beendete und am siebten Tag ruhte. Er befahl den Menschen, ebenfalls am siebten Tag einen Ruhetag einzulegen. Der Name Schabbat leitet sich von der hebräischen Zahl Schewa – sieben – ab: der siebte Tag. An diesem Tag arbeiten wir nicht.«

»Ist ja so wie bei uns der Sonntag«, sagte Mona nachdenklich. »Da arbeiten meine Eltern auch nicht und ich muss nicht in die Schule.«

Sie schwiegen eine Weile. Dann sagte Mona: »Ich gehe am Sonntag immer mit meinen Eltern in die Kirche zum Gottesdienst. Gibt es so etwas auch bei den Juden?«

»Aber sicher«, antwortete Joel Schwarz. »Unser Bethaus nennt man **Synagoge** – das ist ein griechisches Wort – oder in Hebräisch **Beit Haknesset**, das be-

deutet: Haus der Versammlung. Dort wird dreimal am Tag gebetet, morgens, mittags und abends. Die meisten Juden gehen Freitagabend, wenn der Schabbat beginnt, oder am Samstagvormittag und natürlich an den Feiertagen in die Synagoge. Ich war heute Vormittag auch dort. Am Schabbat wird während des Gottesdienstes immer ein Abschnitt aus der Torah gelesen, das mag ich besonders gern. Sie ist so aufgeteilt, dass wir während eines Jahres immer die ganzen fünf Bücher Moses durchlesen. Im nächsten Jahr fangen wir wieder von vorne an.«

»Dann müssen Sie diese Bücher ja schon auswendig können«, stellte Mona erstaunt fest.

»Na ja, so ziemlich«, antwortete Joel Schwarz. »Aber ich entdecke immer wieder etwas Neues darin.«

»Und nach dem Gottesdienst gehen Sie nach Hause und essen so ein richtig gutes Mittagessen mit Braten oder so wie bei uns das Sonntagsessen?«, wollte Mona wissen.

»Nein«, erwiderte Joel Schwarz. »Nach dem Gottesdienst versammeln wir uns alle in einem Nebenraum der Synagoge zum gemeinsamen Essen. Das wird nicht überall so gemacht, aber in unserer Synagoge ist es so üblich. Wir sitzen dort gemeinsam an langen Tischen, unterhalten uns, treffen Freunde und Bekannte oder auch Unbekannte, essen und singen gemeinsam. Erst danach gehen wir nach Hause. Es ist eben ein richtiger Treffpunkt, und für die Frauen, die doch meistens zu Hause kochen, ist das sehr praktisch, weil sie sich nicht den Kopf darüber zerbrechen müssen, wie sie das Essen von Freitagabend an warm halten.«

»Warum muss man das Essen so lange warm halten?«, wunderte sich Mona. »Man kann es doch am Samstag frisch kochen oder aufwärmen.«

»Am Schabbat arbeiten wir nicht, und Kochen ist Arbeit. Da der Schabbat am Freitagabend beginnt, kochen wir den ganzen Schabbat nicht, sondern essen kalte Speisen oder eben solche, die man leicht warm halten kann. Da gibt es richtige traditionelle Schabbatspeisen. In unserer Synagoge z. B. essen wir immer Tscholent. Der besteht hauptsächlich aus Bohnen, Kartoffeln und Fleisch und wird in großen Töpfen schon am Freitagnachmittag in einen heißen Ofen gestellt oder in besonderen Töpfen gekocht, die lange Wärme speichern können. Wenn er am Schabbatmittag herausgeholt wird, ist er richtig gut durchgezogen und schmeckt wunderbar nach Schabbat.«

Mona dachte nach. Was der Freitagabend mit dem Schabbat zu tun hatte, das hatte sie noch nicht verstanden. Ihr

Sonntag fing doch auch nicht am Samstag an, sondern am Sonntagmorgen, wenn sie aufstand; oder vielleicht um Mitternacht, aber da schlief sie meistens.

»Eins verstehe ich nicht«, unterbrach Mona das Schweigen. »Warum sagen Sie, dass Ihr Schabbat am Freitagabend anfängt? Da ist doch der Freitag noch gar nicht vorbei!«

und auch unsere Feiertage am Abend, bevor die ersten Sterne am Himmel zu sehen sind. Er endet am Samstag, wenn die Sonne untergegangen ist.«

»Jeder Tag fängt am Abend an«, murmelte Mona vor sich hin. »Irgendwie hört sich das komisch an.«

»Mag sein«, lachte Joel Schwarz. »Für mich ist das ganz normal, ich bin es so gewohnt.«

»Für uns schon«, erwiderte Joel Schwarz. »Wir haben doch vorhin über die Schöpfungsgeschichte gesprochen. Wenn du dir den Text genau anschaust, dann steht immer dann, wenn ein neuer Tag mit seinen Schöpfungen beschrieben wird: Es wurde Abend und Morgen, der 2.,3.,4. und so weiter Tag. Deshalb fangen im jüdischen Kalender die Tage immer am Abend an, und deshalb beginnt der Schabbat

Am Zaun des Spielplatzes entdeckte Mona ihre Freundin Lisa. Sie verabschiedete sich von Joel Schwarz und lief zu ihr hinüber.

Am nächsten Morgen ging Mona wie gewöhnlich mit ihren Eltern in die Kirche zum Gottesdienst. Es war eine alte Kirche mit einem hohen Mittelschiff und zwei Seitenschiffen, hohen Fenstern aus buntem Glas, und an den Wänden hingen schon etwas dunkel

gewordene Ölbilder mit Motiven aus der Bibel. Mona mochte die Stimmung in dieser Kirche. Die Sonne schien an diesem Morgen genau so auf die rechte Seite des Kirchenschiffes, dass die bunten Glasfenster in den herrlichsten Farben leuchteten. Mona konnte stundenlang das Lichtspiel dieser Fenster betrachten. Sie lehnte sich an die Schulter ihrer Mutter und betrachtete ihr Lieblingsfenster. Ihr Vater hatte ihr vor einiger Zeit die Geschichte, die hier dargestellt war, erzählt. Sie erkannte Jesus, wie er Brot und Wein an seine Freunde verteilte. Es waren tatsächlich zwölf. Vater hatte erzählt, dass Jesus zwölf Jünger hatte. Über dem Gesicht von Jesus waren in einer Wolke komische Zeichen, die ihr Vater nicht entziffern konnte.

»Das ist Hebräisch«, hatte er gesagt. Mona fiel ein, dass das Buch, das Joel Schwarz auf dem Spielplatz gelesen hatte, mit den gleichen Buchstaben geschrieben war. Er konnte sicher lesen, was in der Wolke stand. So nahm sie sich vor, Joel Schwarz in diese Kirche mitzunehmen, damit er ihr die Schrift übersetzen konnte.

Sie musste an das gestrige Gespräch mit Herrn Schwarz denken. Wie wohl eine Synagoge aussah? Nach dem Gottesdienst erzählte Mona ihren Eltern von ihren Begegnungen mit Herrn Schwarz.

»Das scheint ja ein freundlicher alter Herr zu sein«, meinte Monas Mutter, nachdem sie sich alles aufmerksam angehört hatte.

»Ja, er ist ein richtig toller Geschichtenerzähler«, erwiderte Mona begeistert. »Wenn man ihm nur eine kleine Frage stellt, dann sprudelt er gleich einen ganzen Vortrag hervor. Und es scheint ihm richtig Spaß zu machen. Er lächelt immer.«

Kapitel 3

Ein anderer Kalender

Mona hatte früher Schulschluss gehabt und war mit ihren Freundinnen noch zum Kiosk gegangen, weil sie sich zur Feier des Tages ein Eis gönnen wollten. Jetzt schlenderte sie gemächlich nach Hause und freute sich über diesen wunderbaren Tag, an dem nicht nur Mathe und Deutsch ausgefallen waren, sondern sie auch keine Hausaufgaben machen musste. Als sie um die Ecke bog, sah sie von weitem Joel Schwarz. Er zog einen Einkaufswagen hinter sich her, an dem alle möglichen Tüten hingen, und schleppte noch drei volle Taschen mit der anderen Hand. Der alte Herr lief vornübergebeugt, so dass Mona sie nicht sehen konnte. Sie überlegte einen Moment, dann lief sie auf ihn zu.

»Guten Tag, Herr Schwarz! Kann ich Ihnen helfen?«

»Oh, guten Tag, Mona, ich habe dich gar nicht gesehen. Das ist lieb von dir, dass du fragst. Aber es geht schon. Ich hab's ja nicht mehr weit.« Er hörte sich ganz schön außer Atem an.

»Ach was«, erwiderte Mona, »ich habe heute früher Schule aus und noch eine Menge Zeit bis zum Mittagessen. Die Tüten sehen ganz schön schwer aus. Wenn Sie wollen, trage ich Sie Ihnen nach Hause.« Sie streckte ihren Arm nach den Tüten aus. Joel Schwarz schaute sie etwas unschlüssig an, aber dann stellte er doch seinen Einkaufswagen ab, nestelte an den Tüten herum und reichte sie Mona. Die waren wirklich schwer, voll mit Gemüse, Obst und Fisch.

»Das sieht ja nach einem richtigen Großeinkauf aus«, wunderte sich Mona. »Wozu brauchen Sie denn so viel zu essen?«

»Du bist ganz schön neugierig, meine Kleine«, lachte Joel Schwarz. »Das ist richtig gut.«

»Warum ist es gut, neugierig zu sein?«, wollte Mona wissen. Wenn Erwachsene sie neugierig nannten, hatte das selten etwas Gutes zu bedeuten.

»Oh, ganz einfach«, fuhr Joel Schwarz fort. »Wer nicht fragt, bekommt auch keine Antworten. Also zurück zu deiner Frage, wofür ich so viel Essen benötige: In ein paar Tagen ist **Rosch Haschanah** – unser Neujahrsfest. Da werden eine Menge guter Dinge gekocht. Aber bevor man sie genießen kann, muss man hart arbeiten. Und weil meine Frau mit dem Kochen und Vorbereiten beschäftigt ist und ich alter Mann ihr dabei nur im Weg stehe, hat sie mich einkaufen geschickt.«

Mona lachte. »Das macht meine Mut-

ter auch immer mit mir, wenn ich ihr auf den Geist gehe. Aber dann muss ich nicht so viel schleppen.«

Sie gingen ein Stück zusammen. Nach einer Weile fragte Mona: »Warum feiern Sie jetzt schon Neujahr? Es ist doch noch nicht einmal richtig Herbst.«

»Rosch Haschanah richtet sich, wie alle unsere Feiertage, nach dem **jüdischen Kalender**. Der hat – genauso wie der christliche – zwölf Monate und ist im Wesentlichen ein Mondkalender. Die Monate haben abwechselnd 29 oder 30 Tage und ganz andere Namen. Im Moment zum Beispiel befinden wir uns im Monat Elul, dem letzten Monat des jüdischen Jahres. Es fängt mit dem Monat Tischrei an und der liegt immer ungefähr im Herbst.«

»Aber wenn eure Monate immer nur 29 oder 30 Tage haben, dann fehlen doch am Ende vom Jahr einige«, sagte Mona nachdenklich. »Unsere Monate haben meistens 30 oder 31 Tage.«

»Du hast Recht«, erwiderte Joel Schwarz. »Damit unsere Feiertage immer in der gleichen Jahreszeit bleiben, wird alle paar Jahre ein zusätzlicher Monat im Frühjahr eingeschaltet. Er heißt dann Adar II, nach dem Monat, dem er folgt. Deshalb ist der jüdische Kalender auch kein reiner Mondkalender wie z. B. der muslimische, sondern ein Mond- und Sonnenkalender.«

Sie waren vor Joel Schwarz' Haustür angekommen. Er stellte seinen Einkaufswagen und die Tüten ab und kramte nach seinem Schlüssel. Joel Schwarz wohnte im Hochparterre eines schönen alten Hauses. Als sie mit den schweren Taschen die Stufen hinaufpolterten, wurde ihnen bereits die Wohnungstür geöffnet. Frau Schwarz erschien in der Tür und rief: »Na, du bist ja nicht zu überhören. Soll ich dir helfen?«

»Danke, nicht nötig, meine Liebe«, erwiderte Joel Schwarz, »ich habe bereits eine wunderbare Helferin mitgebracht.«

Jetzt steckte Frau Schwarz neugierig ihren Kopf aus der Tür.

»Darf ich dir meine kleine Freundin vom Spielplatz vorstellen«, sagte Joel Schwarz zu seiner Frau. »Das ist Mona. Ich habe dir ja schon von ihr erzählt.«

Er richtete sich an Mona und sagte: »Das ist meine Frau Channah.« Dann setzte er kurz seine Tüten vor der Tür ab, küsste die Fingerspitzen seiner rechten Hand, rieb sie an einer Stelle im Türrahmen und küsste sie wieder. Danach nahm er seine Tüten und betrat die Wohnung. Frau Schwarz hatte in der Zwischenzeit Mona ihre Plastiktaschen abgenommen und auch den Einkaufswagen gegriffen. Mona blieb in der Tür stehen und schaute auf die

Stelle, die Joel Schwarz mit seiner Hand berührt hatte. Dort hing ein kleines Metallkästchen mit einem Zeichen drauf.

In diesem Moment sagte Frau Schwarz: »Komm doch rein, Mona, du hast so schwer geschleppt und bist bestimmt durstig. Möchtest du einen Saft trinken oder einen Kakao?«

Channah war eine kleine, ein wenig rundliche ältere Frau. Sie trug ein langes, etwas altmodisches geblümtes Kleid. Ihr Gesicht war kugelrund, und um ihre dunklen Augen und ihren kleinen roten Mund waren lauter Fältchen. Sie lächelte Mona auffordernd an.

»Danke, Frau Schwarz«, antwortete Mona und betrat die Wohnung.

»Na, so förmlich brauchst du bei mir nicht zu sein. Du kannst mich ruhig Channah nennen. Joel ist ein alter **Jecke**, den stört es nicht, wenn man ›Sie‹ zu ihm sagt. Aber ich kann das nicht leiden, dann komme ich mir immer so ungemütlich vor, wie auf einem Amt.«

Während sie sprach, ging sie in die Küche. Mona folgte ihr zögernd. Auch hier fiel Mona im Türrahmen so ein Kästchen auf, wie sie es in der Eingangstür schon gesehen hatte. Allerdings bestand dieses aus Holz. Joel Schwarz war bereits damit beschäftigt,

die Taschen und den Einkaufswagen auszupacken. Die Küche sah aus, als würde hier schwer gearbeitet. Überall standen Töpfe herum. Mona bemerkte erst jetzt den süßlichen Geruch des Kuchens, der gerade im Ofen war.

»Das riecht ja wie bei uns im Advent, wenn die Weihnachtsplätzchen gebacken werden.«

»Das mag schon sein«, erwiderte Channah Schwarz. »Ich habe vorhin einen Honigkuchen in den Ofen geschoben. Den isst man bei uns zu Rosch Haschanah.«

»Das ist das jüdische Neujahrsfest«, sagte Mona nicht ohne Stolz, dass sie sich das gemerkt hatte.

»Ja«, sagte Channah erstaunt, »woher weißt du das?«

»Ich habe dir doch erzählt, dass dieses Mädchen mir Löcher in den Bauch fragt«, mischte sich jetzt Joel Schwarz in das Gespräch ein. »Auf dem Weg hierher hat sie mich auch wieder ausgefragt. Und ehrlich gesagt, macht es mir Spaß, mich mit dieser kleinen Dame zu unterhalten.«

»Na dann setzt mal eure Unterhaltung im Wohnzimmer fort, hier ist ja so ein Chaos, dass man nicht einmal genügend Platz findet, um einen Tee zu trinken.«

Mona wollte eigentlich gehen, aber ihr lagen noch einige Fragen auf der

Zunge. So folgte sie Joel Schwarz ins Wohnzimmer. Es war etwas altmodisch, aber sehr gemütlich eingerichtet. An den Wänden standen hohe Regale, die mit Büchern regelrecht überfüllt waren. In einer Glasvitrine standen alle möglichen Geräte aus Silber, Leuchter, zwei Kerzenständer, Döschen, Schalen und Becher. Auch in der Wohnzimmertür hing wieder so ein Kästchen. Diesmal war es aus Silber und sah eher wie eine Rolle aus. Channah stellte ein Tablett mit zwei Gläsern Zitronentee und Keksen auf den Sofatisch und verschwand gleich wieder in der Küche.

»Was ist das für ein Kästchen, das hier in jeder Tür hängt?«, platzte Mona mit ihrer Frage heraus. Sie war sich nicht sicher, ob sie nicht doch etwas zu unhöflich war, aber Joel Schwarz antwortete wie immer mit einem freundlichen Schmunzeln.

»Das ist eine **Mesusah**. In dem Kästchen – wie du es nennst – ist eine Pergamentrolle, auf die einige Sätze aus dem 5. Buch Moses geschrieben sind. Sie beinhalten unser Glaubensbekenntnis, dass es nur einen Gott gibt, und erinnert uns daran, seine Gebote zu halten, sie unsere Kinder zu lehren und nicht zu vergessen, dass er, gelobt sei sein Name, uns aus der Sklaverei in Ägypten herausgeführt hat in das Land, das er unseren Vätern versprochen hat.«

»Hängen solche Mesusahs in jedem jüdischen Haus?«, wollte Mona wissen.

»Ich denke schon«, antwortete Joel Schwarz. »Das heißt übrigens Mesusot in der Mehrzahl. Es ist eine sehr alte Tradition. Sie geht auf den Auszug unseres Volkes aus Ägypten vor ca. 3300 Jahren zurück. Du kennst doch sicher die Geschichte, wie Moses das Volk Israel aus Ägypten geführt hat und Pharao erst einwilligte, nachdem zehn schreckliche Plagen sein Land heimgesucht hatten. Die letzte Plage war der Tod aller Erstgeborenen. Damit die jüdischen Häuser davon verschont blieben, befahl Gott, dass in jedem Haus ein Lamm geschlachtet werden solle. Sein Blut sollte zum Zeichen an die Pfosten des Hauses gestrichen werden, damit die Seuche an diesen Häusern vorbeigehe.«

Ein unbeschreiblicher Duft hatte sich in der Wohnung verbreitet. Channah hatte wohl den Kuchen aus dem Ofen genommen. Beide gingen in die Küche. Da stand der Honigkuchen auf dem Küchentisch, groß, braun und rund und dampfte vor sich hin.

»Es riecht wie Weihnachten«, sagte Mona schwärmerisch und begutachtete ihn von allen Seiten.

»Wenn du davon probieren willst,

musst du nächste Woche wiederkommen«, sagte Channah. »Vor Rosch Haschanah wird er nicht angeschnitten.«

»Das würde ich dir sowieso raten, wenn du Channahs Kochkünste genießen willst«, meinte jetzt auch Joel Schwarz. »Zu Rosch Haschanah gibt es lauter gute Sachen zum Essen. Wir essen viele Speisen mit Honig, damit wir ein süßes Jahr haben sollen.«

Mona freute sich über die Einladung. »Ich würde gerne wiederkommen«, erwiderte sie deshalb. »Aber jetzt muss ich langsam nach Hause. Es gibt bald Mittagessen bei uns.«

»Ja, lauf nur«, sagte Joel Schwarz. »Komm doch am Dienstag bei uns vorbei. Dann sind unsere Enkelkinder da, die haben Ferien wegen der Feiertage. Daniel ist etwa in deinem Alter. Vielleicht könnt ihr gemeinsam etwas unternehmen. Aber bevor du uns besuchst, frage deine Eltern, ob es ihnen recht ist. Ich will ja nicht, dass sie sich Sorgen machen.«

Er nahm einen Zettel und schrieb einige Zahlen drauf. »Hier hast du unsere Telefonnummer. Wenn deine Eltern wollen, können sie uns anrufen.«

Mona bedankte sich bei den beiden und lief nach Hause. Ihre Mutter wartete natürlich schon mit dem Mittagessen auf sie.

»Du hattest aber heute lange Schule«, begrüßte sie Mona.

»Na ja, eigentlich hatte ich nur vier Stunden«, erwiderte Mona. »Aber auf dem Heimweg bin ich Herrn Schwarz begegnet – du weißt doch, der alte Mann, den ich manchmal auf dem Spielplatz treffe. Der hatte so viele schwere Einkaufstüten dabei, dass ich ihm beim Tragen geholfen habe. Und als wir bei ihm zu Hause ankamen, hat mich seine Frau gleich noch zu einem Tee eingeladen. Wusstest du, dass die Juden jetzt Neujahr feiern, mitten im Jahr? Dafür hat er nämlich so viel Essen eingekauft.«

Aus Mona sprudelte es richtig heraus. Sie erzählte ihrer Mutter, wie nett sie die beiden alten Leute fand und dass sie sie für nächsten Dienstag eingeladen hatten, ihren Neujahrskuchen zu probieren. Monas Mutter hatte nichts dagegen, dass ihre Tochter Familie Schwarz besuchen wollte. Sie freute sich sogar, dass Mona so hilfsbereit war.

»Lass mir nur die Telefonnummer da«, sagte sie, »damit ich dich erreichen kann, falls du wieder die Zeit vergisst.«

Kapitel 4

Apfel mit Honig

Nach einem aufregenden Wochenende mit einer großen Fahrradtour ging es Mona am Dienstag schon wieder besser, zumindest war sie nicht mehr so müde. Dafür erinnerten sie ihre Beine an die ungewohnten sportlichen Aktivitäten des Wochenendes. Sie überlegte lange, ob sie die Einladung bei Familie Schwarz nicht doch lieber absagen sollte. Ihr taten die Knochen weh, und eigentlich war der Gedanke, dort einen 12- oder 13-jährigen Jungen anzutreffen, wenig verlockend. Vielleicht war er ja total langweilig und sie konnte mit ihm überhaupt nichts anfangen. Andererseits wollte sie unbedingt den Honigkuchen probieren. Der hatte wirklich gut gerochen. Schließlich entschloss sie sich, doch bei Channah und Joel Schwarz vorbeizuschauen. Sie konnte ja wieder gehen, wenn es zu langweilig wurde. Mona hinterließ ihrer Mutter einen Zettel auf dem Küchentisch und machte sich auf den Weg.

Als sie bei den Schwarz' klingelte, hörte sie schon Kindergeschrei durchs Treppenhaus, und kurz darauf erschienen zwei Lockenköpfe in der Wohnungstür und schauten sie mit großen Augen an. »Bist du Mona?«, wollte der kleinere der beiden wissen.

Mona konnte sich nicht so recht entscheiden, ob es sich um ein Mädchen oder um einen Jungen handelte. Er hatte ganz schön lange Haare. Er war höchstens drei Jahre alt, hatte dunkle Hosen und ein langes Hemd an, das ihm halb aus der Hose hing, und eine runde Kappe auf dem Kopf. Das andere Kind war eindeutig ein Mädchen, denn es trug ein für Monas Geschmack etwas zu langes Kleid und war vielleicht sechs oder sieben Jahre alt.

»Ja, ich heiße Mona«, antwortete sie, als sie an der Tür angekommen war. »Und wie heißt ihr?«

»Slojmi«, antwortete der kleine Wuschelkopf und rannte zurück in die Wohnung.

»Wir nennen ihn Schlojmi, eigentlich heißt er Schlomo«, sagte jetzt die Ältere. »Er kann noch kein ›Sch‹ aussprechen«, fügte sie fast entschuldigend hinzu. »Ich heiße Mirjam, aber alle nennen mich Mira.«

»Hallo, Mira«, sagte Mona.

Jetzt tauchte auch Channah Schwarz im Korridor auf. »Sag mal, Mira, willst du unseren Gast vor der Tür anwachsen lassen?« Zu Mona gewandt sagte sie: »Komm doch rein, Mona. Schön, dass du gekommen bist, wir haben dich schon erwartet.«

Im Wohnzimmer saß Joel Schwarz mit einem Jungen und spielte Schach.

»Herzlich willkommen, Mona«, rief ihr der alte Mann entgegen, als sie das Zimmer betrat. »Darf ich dir meinen ältesten Enkel Daniel vorstellen? Er versucht gerade, mir mit seiner Dame Schwierigkeiten zu machen. Magst du Schach?«

»**Saba** will ja nur nicht zugeben, dass er wohl verliert, wenn er nicht bald aufpasst«, meldete sich jetzt Daniel zu Wort. Dabei grinste er siegessicher. Er hatte eine angenehme Stimme. Seine dunklen Haare waren von einer Baseballkappe bedeckt, die er verkehrt herum auf dem Kopf trug. Unter seinem Pullover schauten ein paar Fäden heraus und Mona fiel ein, dass sie diese Fäden auch schon bei Joel Schwarz gesehen hatte. Sie stand etwas unschlüssig im Raum herum, da düste der kleine Schlojmi auf sie zu.

»Komm mit, du sollst mis ansubsen«, sagte er und zerrte an ihrer Hand.

Durch die Küche gelangten sie über eine Terrasse direkt in einen Garten, in dem an einem Kastanienbaum eine Schaukel angebracht war. Schlojmi wollte schaukeln. Mona setzte ihn auf das Brett und schubste ihn vorsichtig an.

»Mehr«, krähte der Kleine. Er versuchte sich selbst in Schwung zu bringen, aber es klappte noch nicht so ganz. Also half Mona nach. Sie fand den Kleinen süß. Je höher es ging, desto mehr quietschte er vor Freude. Beim wilden Hin- und Herschwingen bemerkte Mona, dass auch Schlojmi diese Fäden aus der Hose hängen hatte.

»Sag mal«, fragte sie nach einer Weile, »was hängt denn da aus deiner Hose?«

»Nix«, antwortete der.

»Doch, da hängen so Fäden raus.« Schlojmi schaute an sich herunter und verlor dabei so das Gleichgewicht, dass er ins Trudeln kam und Mona ihn auffangen musste. Sie erwischte ihn gerade noch am Hosenbund.

»Hier diese Fäden«, sagte sie zu Schlojmi, als sie ihn auf dem Boden abgesetzt hatte.

»Zizit«, prustete es aus ihm heraus.

»Weitersaukeln!«

Aber da erschien Channah und rief: »Wollt ihr Kuchen essen?«

Schlojmi schien große Lust auf Kuchen zu haben, denn er flitzte auf die Terrasse, auf der in der Zwischenzeit der Tisch gedeckt worden war. Mona ging in die Küche.

»Kann ich etwas helfen?«, fragte sie höflich.

»Nein, eigentlich nicht«, antwortete ihr Channah, »aber du kannst dir hier die Hände waschen.«

Während Mona sich ihre Hände

wusch, fragte sie Channah: »Was bedeutet Zizit? Schlojmi hat dieses Wort benutzt.«

»Zizit nennt man die Schaufäden an den Gebetsschals der Männer und an den Unterhemden. Sie tragen sie zum Zeichen des Bundes zwischen dem Allmächtigen und dem Volk Israel.«

Mona ging auf die Terrasse. In einer Ecke stand ein ganzer Wäscheständer voll mit schwarzweiß gestreiften Stoffteilen. Richtige Unterhemden waren es eigentlich nicht, eher Überhänge, denn sie waren an den Seiten offen. An ihren vier Enden hingen jeweils lange Fäden herunter.

Langsam kamen auch die anderen auf die Terrasse und setzten sich um den Tisch. Neben einer großen Kuchenplatte standen dort einige Teller mit Apfelscheiben und Schüsseln mit Honig. Joel Schwarz sagte etwas, das Mona nicht verstand. Es schien ein Gebet zu sein, denn die anderen antworteten alle »Amen«. Dann nahm sich jeder ein Stück Apfel, tauchte es in den Honig und aß es. Mona schaute sich etwas unsicher um.

»Nimm dir nur auch ein Stückchen Apfel, wenn du magst«, forderte Joel Schwarz sie ermunternd auf. »Es ist ein alter Brauch, zu Neujahr Äpfel mit Honig zu essen. Dies ist das Symbol für unseren Wunsch nach einem süßen Jahr. Außerdem schmeckt es sehr gut.«

»Wie man sieht«, kicherte Mira auf einmal los. Schlojmi hatte einen Teller mit Äpfeln zu sich herangezogen und auch eine Portion Honig beschlagnahmt. Er klebte bereits von oben bis unten. Alle lachten, während Channah damit begann, den Honigkuchen zu verteilen.

»Der schmeckt wirklich sehr gut«, sagte Mona, nachdem sie das erste Stück probiert hatte. »Ein bisschen nach Weihnachten. Wir essen zu Neujahr immer Kreppel.«

»Dafür gibt es bei uns Kreppel zu **Chanukkah**, ungefähr wenn du Weihnachten feierst«, meldete sich jetzt Daniel zu Wort.

»Das ist ja komisch, genau umgekehrt. Feiert ihr Neujahr auch mit Feuerwerk wie wir zu Sylvester?«

»Nein, eigentlich nicht«, antwortete ihr Daniel. »Wir gehen in die Synagoge, und danach essen wir mit der Familie und Gästen zusammen vor allem süße Speisen.«

»Rosch Haschanah ist eher ein besinnliches Fest«, setzte Joel Schwarz jetzt die Unterhaltung fort. »Im letzten Monat des Jahres und in den ersten zehn Tagen zwischen Rosch Haschanah und **Jom Kippur**, dem Versöhnungstag, sollen wir uns nicht nur Rechenschaft darüber ablegen, was wir alles im ver-

gangenen Jahr gemacht haben, sondern wir sollen vor allem alle Streitigkeiten zwischen uns und unseren Mitmenschen aus dem Weg räumen, um Entschuldigung bitten und uns versöhnen. Das Jahr endet und beginnt also eher ruhig.«

»Ein bisschen Krach machen wir aber auch, Saba«, warf jetzt Daniel ein. Joel Schwarz schaute ihn fragend an.

»Ich meine den **Schofar**.« Zu Mona gewandt sagte er: »Das ist ein Widderhorn, auf dem in dieser Zeit ganz bestimmte Töne geblasen werden. Sie sollen uns an die Einhaltung der Gebote erinnern. Zwischen diesen beiden Feiertagen ist es unsere Pflicht, das Blasen des Schofars zu hören.«

»Es handelt sich übrigens um das gleiche Instrument, das auch beim Einsturz der Mauern von Jericho benutzt wurde. Vielleicht erinnerst du dich an diese Geschichte. Sie steht in der Bibel im Buch Joschua«, sagte jetzt Joel Schwarz. »Es ist nicht nur ein Instrument der Mahnung, sondern wird bei uns auch benutzt, um vor Gefahr zu warnen.«

»So eine Art Feuersirene?«, wollte Mona wissen.

»Na ja, so ungefähr.« Daniel grinste. »Willst du mal einen Schofar sehen? Saba hat einen im Schrank liegen. Darf ich, Saba?«

Natürlich wollte Mona, und so standen sie vom Tisch auf und gingen ins Wohnzimmer zur Vitrine. Unterwegs fragte sie: »Warum nennst du deinen Großvater eigentlich immer Saba? Ich dachte, er heißt Joel.«

»Saba heißt Großvater in Hebräisch und Großmutter heißt **Sawta**. Wir haben schon immer Saba und Sawta zu den beiden gesagt.« Daniel öffnete die Vitrine und nahm ein langes, gebogenes Gerät heraus. Es war braun gemasert und ziemlich glatt poliert. Daniel setzte das schmalere Ende an seinen Mund und versuchte hineinzublasen. Er entlockte dem Schofar erst einen zischenden Laut und dann ein eher krächzendes Geräusch.

»Es ist ziemlich schwer, auf dem Schofar richtig zu blasen«, sagte Daniel entschuldigend. »Saba wollte es mir immer beibringen.« Damit legte er den Schofar wieder zurück.

»Und wie feiert ihr den Versöhnungstag?«, wollte Mona wissen. »Wie hat dein Großvater diesen Tag genannt?«

»Jom Kippur. Diesen Tag mag ich nicht besonders. Wir verbringen den ganzen Tag in der Synagoge. Am Nachmittag, bevor der Feiertag beginnt, essen wir alle gemeinsam das letzte Mal, und dann wird gefastet bis zum nächsten Abend nach dem Ende des Gottesdienstes, wenn die Sonne untergegangen ist.«

»Ihr fastet einen ganzen Tag lang?«, staunte Mona. »Das würde ich nicht aushalten. Warum tut ihr das?«

»Na ja, ich muss noch nicht fasten, erst nächstes Jahr nach meiner **Bar Mizvah**, wenn ich 13 Jahre alt geworden bin. Aber dann darf ich bis zum Ende des Feiertages weder essen noch trinken. An diesem Tag bitten wir Gott um Vergebung für die Fehler, die wir begangen haben. Um unsere Reue zu zeigen, fasten wir. Es heißt, an diesem Tag entscheidet sich unser Schicksal für das kommende Jahr. Aber Gott gewährt nur Verzeihung, wenn wir uns vorher mit den Menschen versöhnt haben.«

»Das wäre der ideale Feiertag für meine Cousine«, meinte Mona nachdenklich. »Die will immer Diät machen, um abzunehmen, aber sie schafft es nie, weil sie dann immer nur ans Essen denkt. Ich glaube, bei uns gibt es keine Fasttage, an denen wir überhaupt nicht essen. In der Fastenzeit, z.B. vor Ostern, gibt es keine Süßigkeiten und wir essen kein Fleisch. Aber das heißt ja nicht, dass wir gar nichts essen.«

»Jom Kippur hat aber auch etwas Gutes. Ich liebe z.B. die Geschichte von Jona, dem Propheten, der vom Walfisch verschluckt wurde. Sie wird an diesem Tag in der Synagoge gelesen. Und außerdem beginnen wir gleich nach Jom Kippur mit dem Bau der **Sukkah**, der Laubhütte.«

»Was ist denn das schon wieder?«, wollte Mona wissen.

»**Sukkot** ist das Laubhüttenfest, mein Lieblingsfest. Es beginnt vier Tage nach Jom Kippur und dauert eine Woche.«

»Das hört sich ja so an, als ob ihr überhaupt nicht mehr mit dem Feiern aufhört«, staunte Mona.

Joel Schwarz hatte unbemerkt das Wohnzimmer betreten.

»Ich habe das Gefühl, dass du mir meine Gesprächspartnerin wegnimmst, Daniel«, meldete er sich jetzt aus dem Hintergrund. »Schön, dass ihr euch so gut versteht.«

»Saba, darf ich Mona einladen, mit uns die Sukkah zu bauen? Wir können doch bestimmt noch ein paar Helfer gebrauchen«, fragte ihn Daniel.

»Wenn Mona Lust hat. Ich habe nichts dagegen«, antwortete Joel Schwarz.

»Wenn ich darf, komme ich gerne. Ich habe noch nie eine Laubhütte gesehen«, erwiderte Mona.

»Super«, freute sich Daniel. »Es macht sowieso mehr Spaß, wenn ein paar Kinder dabei sind. Hier bei Saba und Sawta ist es schön. Aber ich habe hier keine Freunde.«

»Komm doch nachmittags auf den großen Spielplatz. Dort treffe ich mich fast immer mit meinen Freunden.« Mona fand Daniel ganz okay, für einen Jungen sogar ziemlich nett, er tat wenigstens nicht so cool. »Da fällt mir etwas ein. Morgen haben wir uns verabredet, gemeinsam ins Schwimmbad zu gehen. Wenn du willst, kannst du ja mitkommen. Wir treffen uns um vier Uhr auf dem Spielplatz.«

»Ich hätte schon Lust, darf ich, Saba?«

»Natürlich kannst du mitgehen, wenn du willst«, antwortete Joel Schwarz. »Du musst ja nicht immer bei uns alten Leuten zu Hause hocken.«

Mona verabschiedete sich und bedankte sich noch einmal für die Einladung. Dann machte sie sich auf den Weg nach Hause. Es kam ihr so vor, als würde sie aus einer ganz anderen Welt kommen. Dabei war sie aber nur einige Straßen von ihrer Wohnung entfernt.

Kapitel 5

Ein Besuch im Schwimmbad

Daniel erschien wirklich am nächsten Tag um vier Uhr an der verabredeten Stelle. Mona war gerade damit beschäftigt, mit einigen Kindern Brennball zu spielen. Als sie Daniel erblickte, rief sie ihm zu: »Hey, Daniel, wir warten noch auf ein paar Freunde. Hast du Lust mitzuspielen?«

Daniel kam etwas zögernd näher. Es war ihm unangenehm, einfach so in das Spiel hereinzuplatzen. Er kannte ja außer Mona niemanden. Aber dann gab er sich einen Ruck und stellte sich hinter Mona in die Schlange. Als er an der Reihe war, gab er sich große Mühe, einen möglichst guten Wurf zu landen. Er schaffte es, den Fänger so zu täuschen, dass der ziemlich laufen musste, um den Ball zu erreichen, und so konnte Monas Gruppe komplett ins Ziel kommen.

»Das war ja ein riesiger Wurf«, sagte einer der Jungen anerkennend. »Ich heiße Bernd, und wie heißt du?«

»Danke für das Kompliment. Ich heiße Daniel.«

»Bist du neu hier?«, wollte Bernd wissen. »Ich habe dich noch nie auf dem Spielplatz gesehen.«

»Daniel ist zu Besuch bei seinen Großeltern«, mischte sich jetzt Mona ein. »Ich habe ihn eingeladen, mit uns schwimmen zu gehen; ich hoffe ihr habt nichts dagegen.«

Es hatte natürlich niemand etwas dagegen. In der Zwischenzeit waren auch die anderen eingetroffen. Jeder nahm sein Schwimmzeug und sie machten sich auf den Weg ins Schwimmbad. Daniel plauderte unterwegs mit Bernd und einigen anderen Jungs. Die wollten wissen, wo er herkam, in welche Schule er ging und was er sonst so machte. Er erzählte ihnen einiges von sich, dass er in Berlin lebte, dort in eine Ganztagsschule ginge und in der Schulmannschaft Wasserball spielen würde. Er fand die Jungs ganz nett.

Bald waren sie beim Schwimmbad angekommen. Jeder war damit beschäftigt, sich seine Eintrittskarte zu kaufen oder die Dauerkarte rauszukramen.

»Wo treffen wir uns nachher?«, fragte Daniel Mona.

»Geh einfach mit den Jungs mit«, antwortete sie ihm. »Wir haben einen Stammplatz, draußen auf der Wiese in der Nähe des Wasserpilzes. Du wirst es schon sehen.«

Daniel verschwand mit den Jungs in den Umkleidekabinen für Männer und Mona ging mit den Mädchen. Draußen trafen sie sich in der Nähe

25

vom Pilz. Das Schwimmbad war wirklich super. Es hatte mehrere große Becken, drei Sprungtürme, eine richtig lange Wasserrutsche und ein Becken mit Fontänen und Wasserspritzen. Die Mädchen waren schon zum Pilz geschwommen und versuchten, durch den Wasservorhang in die trockene Zone zu gelangen. Das ging natürlich nicht ohne Gespritze, Gekreische und Geschubse ab und machte riesigen Spaß. Nach einiger Zeit kamen die Jungs nach und versuchten die Mädchen aus dem Inneren des Wasserpilzes unter den Wasserfall zu ziehen und sie ordentlich nasszuspritzen. Irgendwann schlug jemand vor, zu den Rutschen zu gehen, und so lief die ganze Gruppe rüber. Es war richtig aufregend, mit dem Wasserstrahl durch die Kurven und Tunnel zu sausen. Am Ende flog man mit einer ziemlichen Geschwindigkeit in ein großes Becken und musste möglichst schnell zur Seite schwimmen, um nicht den Nachfolger im Genick sitzen zu haben.

»Ich habe einen riesigen Kohldampf. Habt ihr nicht Lust, ein paar Pommes zu kaufen?«, fragte Bernd nach einer Weile in die Runde und rieb sich den Bauch. Alle lachten, weil Bernd immer als Erster von allen Hunger bekam. Er sah auch so aus, als würde er gerne essen. Also bewegten sie sich in Richtung

Cafeteria. Die Kinder stellten sich am Tresen an und bestellten jeder seine Pommes mit Ketchup oder Majo und etwas zu trinken. Bernd bestellte sogar zwei Portionen und noch eine Currywurst dazu.

»Na dann guten Appetit«, sagte Mona, als alle an den Tischen Platz genommen hatten. Erst jetzt fiel ihr auf, dass Daniel nur eine Cola gekauft hatte.

»Hast du keinen Hunger?«, fragte sie ihn erstaunt.

»Geht so«, antwortete ihr Daniel etwas zögernd.

»Na, dann hol dir doch auch ein paar Pommes. Die sind ganz gut hier, richtig knusprig. Oder magst du keine Pommes?«

»Eigentlich mag ich schon Pommes«, gestand Daniel. »Aber ich kann hier keine essen.«

»Wieso denn nicht?«, wollte jetzt Mona wissen.

Daniel war das Gespräch vor den anderen ein bisschen peinlich. Er hatte Angst, dass sie sich über ihn lustig machen würden.

»Hej, was ist denn?« Mona ließ nicht locker.

»Weißt du«, antwortete jetzt Daniel, »ich darf nicht. Das Essen hier ist nicht **koscher**.«

»Was ist das denn?«, wollte Mona wissen.

»Meinst du etwa, das sind hier alles Betrüger?« Bernd sprach, während ihm der Saft seiner Currywurst aus dem Mund lief.

»Halt mal die Klappe«, fuhr Mona Bernd an. Zu Daniel gewandt fragte sie:

»Was heißt denn koscher? Hat das etwas mit deiner Religion zu tun?«

Daniel nickte verlegen, aber dann ließ er sich doch zu einer Antwort überreden.

»Weißt du, Mona, bei uns gibt es ganz genaue Regeln, was wir essen dürfen und was nicht. Wir essen z. B. Lebensmittel aus Milch nicht zusammen mit Fleisch. Das essen wir nur von ganz bestimmten Tieren wie Rindern oder Schafen und nur, wenn sie nach unseren Regeln geschlachtet worden sind. Diese Regeln heißen **Kaschrut**, und koscher bedeutet, dass etwas diesen Vorschriften entspricht, wir es also essen oder benutzen dürfen.«

»Und warum willst du jetzt keine Pommes essen?«, wollte Mona wissen. »Die sind doch gar nicht aus Fleisch.«

»Stimmt«, antwortete Daniel. »Aber in dem Öl frittieren die hier bestimmt nicht nur die Pommes, sondern auch Würstchen und Schnitzel. Die sind bestimmt aus Schweinefleisch, und das esse ich sowieso nicht.«

»Das ist ja wie bei den Türken«, sagte Bernd. »Die essen doch auch kein Schweinefleisch.«

»Bist du ein Türke?«, wollte jetzt Betty wissen. »Du siehst überhaupt nicht wie ein Türke aus.«

»Nein.« Daniel musste lachen. »Ich bin kein Türke, ich bin Jude. Aber in einigem sind unsere Regeln denen der Muslime sehr ähnlich.«

Bernd stand auf. »Ich hole mir noch ein Eis zum Nachtisch. Kommt jemand mit mir mit?«

Alle standen auf und gingen zum Eisstand. Auch Daniel kaufte sich ein Eis. Sie blieben noch eine Weile draußen auf der Wiese bei ihren Sachen. Einige spielten Volleyball und ein paar hatten eine der Tischtennisplatten unter den Bäumen ergattert und lieferten sich aufregende Wettkämpfe. Nach einiger Zeit packten sie ihre Habseligkeiten zusammen und machten sich auf den Heimweg. Nachdem sie sich von den Freunden verabschiedet hatten, liefen Mona und Daniel noch ein Stückchen zusammen, bis sich auch ihre Wege trennten.

»Schönen Dank für die Einladung, Mona, es war wirklich sehr schön heute im Schwimmbad«, verabschiedete sich Daniel.

»Ja, es war ganz lustig. Wenn du Lust hast, komm doch einfach nachmittags auf den Spielplatz. Dort ist immer ir-

gendjemand von meinen Freunden und ab vier oder fünf Uhr bin ich meistens auch dort.«

Mona dachte auf dem Weg noch über ihr Gespräch mit Daniel nach. Es kam ihr ganz schön kompliziert vor, Jude zu sein, wenn man nicht einmal Pommes im Schwimmbad essen durfte. Daniel hatte jetzt bestimmt tierischen Hun-
ger. An ihrer Haustür strömte ihr ein wunderbarer Geruch entgegen. Ihre Mutter hatte Pizza zum Abendbrot gemacht, mit viel Käse und einem ganz dünnen Teig, genauso wie sie es liebte. Sie aß mit riesigem Appetit, obwohl sie sich nachmittags eine große Portion Pommes gegönnt hatte. Ob Daniel wohl Pizza isst?

Kapitel 6

Wenn die Sterne durchs Laubdach leuchten

Mona sah Daniel einige Tage nicht. Es hatte angefangen zu regnen, und sie fürchtete schon, dass sie nach dem schönen Sommer jetzt auf einen anständigen Herbst verzichten müsste. Sie liebte diese Jahreszeit. Die Welt veränderte ihre Farben. Was die schwächer werdenden Sonnenstrahlen nicht mehr leisten konnten, wurde durch die kräftigen Rot- und Gelbtöne der sich auf den Winter vorbereitenden Laubbäume wettgemacht. Mona bewunderte jedes Jahr aufs Neue das Genie, das die Gesetze der Natur geschaffen hatte. Wenn die Temperaturen sanken, brachten sie die wärmsten Farben des Jahres hervor, so dass einem schon bei ihrem Anblick warm wurde.

Nach einigen Tagen besserte sich zum Glück das Wetter. Mona zog sich ihre Rollerblades an, packte sich für alle Fälle noch ein Paar Schuhe in den Rucksack und fuhr zum Spielplatz. Lisa und Betty warteten dort schon auf sie. Gemeinsam kickten sie als Erstes die Kastanien und kleinen Zweige von ihrer Rennbahn, die der große Kastanienbaum über dem ganzen Spielplatz verteilt hatte.

Nach einiger Zeit tauchte Daniel mit einem Skateboard unter dem Arm auf. Er hatte Mira und Schlojmi mitgebracht.

»Die brauchen auch mal ein bisschen Tapetenwechsel«, sagte er entschuldigend, als er von Mona begrüßt wurde. Daniel war ein guter Skater. Er hatte sein Brett voll im Griff. Es schien an seinen Füßen zu kleben, wenn er am Hügel soviel Anlauf nahm, dass er über die Kuppe wie über eine Schanze flog. Mona wollte es auch mal probieren und so tauschte sie mit Daniel sein Skateboard gegen ihre Rollerblades ein. Sie machte einige ganz gute Versuche, aber es gelang ihr nicht so, wie sie es wollte. Sie hatte einfach zu viel Angst, das Brett beim Sprung unter den Füßen zu verlieren.

»Das ist alles Übung«, tröstete sie Daniel. »Wenn du eine Zeit damit gefahren bist und das richtige Brettgefühl bekommen hast, dann traust du dich auch zu springen. Ich habe es auch nicht gleich gekonnt.«

Langsam wurde es dämmerig. Einige Kinder waren schon nach Hause gegangen. Auch Mona, Daniel und seine Geschwister packten ihre Sachen zusammen und machten sich auf den Heimweg.

»Sag mal, hast du eigentlich noch Lust, zu uns zum **Sukkah** bauen zu kom-

men?«, fragte Daniel Mona zum Abschied.

»Na klar«, antwortete Mona. »So etwas lasse ich mir doch nicht entgehen. Wann baut ihr sie denn?«

»Komm am Mittwoch nach der Schule zu uns. Wir wollen nach dem Mittagessen damit beginnen.«

»O. k.« Mona freute sich über die Einladung. »Soll ich irgendetwas mitbringen?«

»Eigentlich nicht«, antwortete Daniel. »Bringe Zeit mit. Ach ja, und wenn du Papierscheren, Kleber und Krepppapier oder so etwas Ähnliches zu Hause hast, kannst du es auch mitbringen. Bei meinen Großeltern gibt es solche Dinge nicht genügend, und wir können zum Schluss noch ein paar Girlanden basteln, wenn wir noch Lust haben.«

Mona verstand zwar nicht so richtig, wofür das gut war, aber sie fragte nicht. Sie würde es ja sowieso bald sehen.

Am Mittwoch nach der Schule beeilte sie sich mit dem Mittagessen. Dann packte sie ein paar Scheren, Kleber und verschiedene Sorten Bastelpapier ein und lief zum Haus der Familie Schwarz. Daniel machte ihr die Tür auf. Er sah ziemlich verschwitzt aus, sein Hemd hing ihm aus der Hose und seine Hände waren rot und dreckig.

»Hallo, Daniel«, begrüßte ihn Mona. »Du siehst ja aus wie ein Schwerarbeiter.«

»Die Sukkah aufzubauen ist auch Schwerarbeit«, antwortete Daniel. »Wir sind damit schon seit heute Vormittag beschäftigt. Ein Glück, dass du kommst. Ich brauche dringend Unterstützung.«

Mona folgte Daniel durch die Wohnung in den Garten. Dort sah es aus wie auf einer Baustelle. Überall lagen Holzbretter und Balken, Werkzeuge, Schrauben und Nägel herum. Auf der Terrasse standen Joel Schwarz und ein ihr unbekannter Mann auf Leitern. Sie waren gerade dabei, ein riesiges Holzgerüst zusammenzuschrauben. Channah Schwarz und Mira standen an den Seiten des Gerüstes und hielten die Pfosten fest und Schlojmi lief mit einer Bohrmaschine in den Händen herum und wollte unbedingt ein Loch bohren.

»Ah, da kommt ja meine kleine Freundin.« Joel Schwarz winkte Mona von der Leiter herab zu. »Schön, dass du uns helfen kommst. Darf ich vorstellen: Das ist Manfred, ein lieber Nachbar. Ohne ihn würden wir wohl noch Tage an dieser Hütte bauen.« Manfred nickte ihr zur Begrüßung kurz zu und widmete sich gleich wieder seinen Holzbalken. Mona stellte ihre Tüte mit

den Bastelsachen ab und fragte Daniel, was sie denn jetzt helfen könne.

»Du würdest mir einen riesigen Gefallen tun, wenn du mich hier ablösen könntest«, rief ihr Channah zu. Mona übernahm ihren Platz am Pfosten und betrachtete das Treiben. Die Männer hatten aus Holzbalken zwei rechteckige Rahmen gebaut, die sie jetzt mit Schrauben an den oberen bzw. unteren Enden von vier langen Pfosten befestigten. Der obere Rahmen schien die Auflage für ein Dach zu sein.

»Kann mir jemand von euch mal erklären, was wir hier eigentlich machen«, sagte Mona nach einer Weile.

»Das, was du hier siehst, Mona, ist der Rahmen für unsere Laubhütte, der Sukkah«, antwortete ihr Joel Schwarz. »Wir werden gleich über den oberen Teil einige Latten nageln und dann werden die Seiten mit großen Tüchern bespannt. Du könntest eigentlich schon zu Channah gehen und sie fragen, wo sie die Tücher hingelegt hat. Wir sind hier gleich fertig.«

Mona lief in die Küche, wo Channah wie so häufig mit Kochen beschäftigt war. Sie hatte auf einen Stuhl einen großen Stapel alter Bettlaken und Tischdecken gelegt. Schlojmi war ebenfalls in der Küche. Er saß am Küchentisch und versuchte mit einer für ihn viel zu großen Schere Papierstreifen aus Transparentpapier zu schneiden.

»Was machst du da?«, fragte ihn Mona.

»Ich mache eine Kette«, antwortete Schlojmi.

»Sind das die Tücher für die Hütte?«, fragte sie nun Channah.

»Ja, die sind für die Sukkah gedacht. Nimm sie mit hinaus«, antwortete diese.

Mona klemmte sich den Stapel Laken unter den Arm und ging wieder auf die Terrasse, wo Daniel gerade damit beschäftigt war, dünne Latten auf den oberen Teil des Rahmens zu nageln. Es sah eher wie ein Gitter als wie ein Dach aus, was er da fabriziert hatte.

»Warum nimmst du denn so dünne Latten für das Dach?«, wollte Mona wissen. »Wäre es nicht einfacher, richtige Bretter draufzunageln? So regnet es euch doch voll in die Hütte.«

»Stimmt«, antwortete Daniel. »Gegen Regen nützt diese Konstruktion wirklich nichts. Dabei regnet es in Deutschland fast immer zu **Sukkot**. Man sollte vielleicht mal über ausfahrbare Regendächer nachdenken.«

»Irgendwie verstehe ich das noch nicht ganz. Warum baut ihr denn nicht gleich ein richtiges Regendach, wenn es euch sowieso immer zu eurem Fest in die Hütte regnet?« Mona war wirklich verwirrt.

»Das hängt mit der Geschichte dieses Festes zusammen«, antwortete Joel Schwarz. »Sukkot wird in Deutsch Laubhüttenfest genannt. Wir feiern es zur Erinnerung an die 40 Jahre, die unser Volk nach dem Auszug aus Ägypten durch die Wüste wanderte, bis es in das Land kam, das der Ewige unseren Vätern versprochen hat. In der Wüste haben die Israeliten manchmal nur einige Tage oder Wochen an einem Ort verbracht. Deshalb haben sie keine festen Häuser gebaut wie später dann in Israel, sondern sie haben in Zelten oder Hütten gewohnt. Zur Erinnerung an diese Zeit essen und lernen wir in der Woche, die dieses Fest dauert, in einer provisorischen Hütte. Das Dach dieser Hütte wird aus Zweigen und Blättern gefertigt, die so gelegt werden, dass man nachts die Sterne hindurch leuchten sehen kann.«

»Und deshalb könnt ihr kein Regendach bauen«, stellte Mona fest.

»Genau, Mona«, fuhr Joel Schwarz fort. »Es gibt aber noch eine andere Bedeutung für dieses Fest. Es wird immer im Herbst begangen, wenn der größte Teil der Erntezeit vorüber ist. Zu Zeiten des Tempels pilgerten unsere Vorfahren jedes Jahr zu Sukkot nach Jerusalem und brachten Früchte ihrer Felder zum Tempel als Opfer. Sukkot gehört zu den drei **Wallfahrtsfesten**

und es ist unter anderem ein Erntefest. Deshalb schmücken wir die Sukkah auch mit Obst und Gemüse. Direkt im Anschluss an die Sukkotwoche begehen wir dann den letzten Feiertag im Herbst, **Simchat Torah** oder zu Deutsch Gesetzesfreuden. Dieses Fest erinnert uns an die Gesetzgebung auf dem Berg Sinai. Weil sie während der 40-jährigen Wanderung durch die Wüste stattfand, wird ihrer auch im Zusammenhang mit der Erinnerung daran gedacht.«

»Saba, was hältst du davon, wenn wir jetzt die Tücher anbringen?«, unterbrach Daniel den Vortrag seines Großvaters.

»Das ist eine gute Idee«, erwiderte dieser. »Vielleicht kannst du das mit Mona zusammen machen. Ich werde in der Zwischenzeit die Werkzeuge aufräumen und danach können wir zum Park gehen und Zweige sammeln.«

Daniel erklärte Mona, wie sie die Tücher an dem Holzrahmen anbringen mussten. Sie spannten sie zwischen dem oberen und unteren Balken und befestigten sie dort und an den Eckpfosten mit kleinen Nägeln. Dabei schlug sich Mona einige Male mit dem Hammer auf die Finger, aber nach einiger Zeit hatte sie den Bogen heraus, und es dauerte nicht lange, bis sie alle Seiten der Sukkah abgedeckt hatten.

Mona machte es Spaß, mal so richtig herumzuwerkeln. Als die beiden fertig waren, betrachteten sie stolz ihr Werk. Von dem Holzgestell war nichts mehr zu sehen. Es war rundherum von Laken verhüllt, nur an einer Seite war eine Lücke für den Eingang in die Sukkah gelassen worden.

»So«, seufzte Daniel erleichtert. »Das hätten wir geschafft. Jetzt kommt der nächste Akt.«

»Was soll das denn heißen?«, wunderte sich Mona.

»Jetzt müssen wir noch Zweige besorgen für das Dach«, antwortete ihr Daniel. »Aber erst mal brauche ich etwas zu trinken.« Damit lief er Richtung Küche und Mona folgte ihm. Als hätte sie Daniels geheime Wünsche geahnt, hatte Channah bereits ein Tablett mit Gläsern, Wasser und Limonade vorbereitet. Die Kinder stürzten sich auf die Getränke. Auch Joel Schwarz und Manfred erschienen in der Küche.

»Sag mal, Channah«, sagte Joel Schwarz beim Eintreten. »Zur Belohnung für unsere schwere Arbeit könntest du uns eigentlich jetzt eine Kaffeepause gönnen.«

»Die Kaffeepause gibt es erst nachher. Vorher müsst ihr noch zum Park, Zweige sammeln, sonst wird es noch dunkel.« Channah hatte die Hände in die Hüften gestemmt und sah so aus, als würde sie keine Widerrede dulden. »Sklaventreiberin«, murrte Joel, doch er grinste dabei. »Kommt, Kinder«, sagte er beim Rausgehen. »Je schneller wir die Zweige hergeschafft haben, desto eher bekomme ich meinen Kaffee. Wer kommt mit?«

Während Channah Schlojmi beim Schuheanziehen half, holte Joel Schwarz einen Handkarren aus dem Geräteschuppen. Auch Mira und Manfred kamen mit. Manfred hatte seinen Fahrradanhänger dabei und so zogen sie gemeinsam zum nahe gelegenen Park. An sein hinteres Ende grenzte eine Gärtnerei und dort lagen an einem Zaun im Herbst immer alle möglichen Gartenabfälle und auch große Zweige, die vom Herbstschnitt der Bäume stammten. Joel Schwarz hatte mit dem Gärtner verabredet, dass er ihm die Zweige, die sich bei ihm ansammelten, aufheben und nicht wie sonst sofort in die Hexelmaschine werfen sollte. Das machte er jedes Jahr für den alten Herrn und Joel Schwarz bedankte sich bei ihm dafür mit einer Flasche gutem Wein.

Es war nicht schwer, den großen Haufen mit den Zweigen zu finden. Die Kinder bepackten die mitgebrachten Wagen mit solchen Mengen, dass Mona sehr daran zweifelte, ob sie diese Ladung überhaupt bis zur Sukkah be-

fördern könnten, ohne dass ihnen alles unterwegs herunterrutschte. Aber wider Erwarten klappte es doch.

Zu Hause angekommen wurden die Zweige abgeladen und gleich auf dem Lattengitter der Sukkah verteilt. Langsam bekam sie wirklich Ähnlichkeit mit einer Hütte.

»Jetzt verstehe ich, warum die Sukkah in Deutsch Laubhütte heißt«, sagte Mona. »Mit den Laubzweigen sieht sie fast wie eine Weinlaube aus.«

»Mir ist noch nie aufgefallen, dass das Wort Laube etwas mit Laub zu tun hat«, bemerkte Daniel nachdenklich. »Erst als du eben den Vergleich mit der Weinlaube gemacht hast, bin ich darauf gestoßen.«

Joel Schwarz schmunzelte. »So, Kinder, ich finde, jetzt haben wir uns aber eine anständige Kaffeepause verdient. Ich bin sicher, Channah hat etwas für uns vorbereitet.«

Und genau so war es auch. Im Wohnzimmer war der Esstisch gedeckt. Es gab belegte Quark- und Käsebrote, Obst, Kaffee, Tee und Kakao. Nach dem Händewaschen stürzten alle an den Tisch und im Handumdrehen waren die Brote aufgegessen.

»Sag mal, Daniel«, fragte Mona, »wozu sollte ich eigentlich das Bastelzeug mitbringen?«

»Ich dachte, wir produzieren noch ein bisschen Schmuck für die Sukkah. So sieht sie noch viel zu kahl aus. Aber nur, wenn du noch Lust hast«, wandte Daniel einschränkend ein.

»Na klar habe ich noch Lust«, erwiderte Mona. »Bisher hat mir der Nachmittag viel Spaß gemacht.«

Der Esstisch wurde abgeräumt und verwandelte sich in einen Bastelplatz. Mona legte ihre Utensilien auf die Tischplatte. Channah brachte mehrere Hefte mit verschiedenfarbigem Transparentpapier, Kreppppapier, Scheren und Kleber und dann ging es los. Mira gelang es mit viel Geschick, gemeinsam mit Schlojmi aus dessen Papierstreifen eine Kette zusammenzukleben. Das konnte sie wirklich gut und Schlojmi war ganz stolz auf seine Girlande. Mona faltete aus Kreppppapierstreifen lange weiß-blaue Hexentrep-

pen, die Daniel und Mira an der Längsseite der Sukkah zu einem großen Davidstern zusammensteckten. Channah hatte Weintrauben, Birnen, Bananen, Mohrrüben und Granatäpfel an dünnen Schnüren befestigt und die wurden jetzt an die Zweige und Holzlatten des Daches gebunden.

»Jetzt sieht unsere Sukkah wirklich schön aus«, strahlte Mira. »Hoffentlich regnet es nicht, sonst war die ganze Arbeit umsonst.«

»Ach was«, sagte Channah, »ich freue mich auch über die Sukkah, wenn es regnet. Sie ist wunderschön geworden. Für mich gehört zu Sukkot auch der Spaß am Bauen der Sukkah. Und wenn dann während der Feiertage sogar noch die Sonne scheint, freue ich mich umso mehr.«

Mona verabschiedete sich und ging nach Hause. Es war ein schöner Nachmittag gewesen. Gemeinsam etwas herzustellen verbindet, vor allem wenn das Ergebnis alle zufrieden macht. Sie dachte an Channahs Satz und ihr fiel ein, dass ihr das Sternebasteln während der Adventszeit im Dezember auch immer besondere Freude bereitete. Vielleicht sollte sie Daniel dazu einmal einladen. Es würde ihm sicher auch gefallen.

Kapitel 7

Erntedankfeste

Daniel rief Mona einige Tage später an. »Hast du Lust, heute Nachmittag zu uns zum Kaffee zu kommen?«, fragte er Mona. »Meine Großmutter wollte sich bei dir noch einmal für deine Hilfe bedanken, und das kann sie am besten mit ihren Backkünsten.«

Mona versprach, später vorbeizukommen. Sie brütete gerade über ihren Mathematikaufgaben, die unbedingt noch bis morgen fertig sein mussten. Als sie bei Familie Schwarz ankam, saß die ganze Familie bereits in der Sukkah. Der Tisch quoll über von Kuchen, Obst, Sahne und anderen Leckereien. Es sah richtig gemütlich aus.

»Komm, setze dich doch zu uns«, lud sie Joel Schwarz ein. »Es gibt lauter gute Sachen auf dem Tisch. Ich sitze schon eine ganze Weile hier und überlege, was ich zuerst essen soll. Wenn ich mich nicht bald entscheide, werde ich wohl verhungern.«

Alle lachten. Daniel brachte Mona einen Stuhl in die Sukkah und Channah legte ihr ohne viel zu fragen ein großes Stück Kuchen auf den Teller.

»Möchtest du Sahne dazu?«, fragte sie jetzt doch. Mona nickte. Der Kuchen schmeckte herrlich.

»Die Laubhütte ist richtig schön geworden«, ließ sie sich zwischen zwei Bissen Kuchen vernehmen. »Mit der Lampe sieht sie wirklich wie ein kleines Zimmer aus, super gemütlich. Das Obst und Gemüse hier an der Decke erinnert mich an unser Erntedankfest in der Gemeinde. Dann schmücken wir die Kirche auch immer mit Früchten und Getreide.«

»Sukkot ist ja auch unter anderem ein Erntedankfest, wir bitten deshalb seit **Schemini Azeret** jeden Tag um Regen, damit die Früchte wachsen können und die Menschen und Tiere zu essen haben.«

»Wie lange dauert eigentlich dieses Fest?«, wollte Mona wissen.

»Sukkot dauert sieben Tage, danach feiern wir mit Schemini Azeret das Schlussfest und am nächsten Tag **Simchat Torah**, das Fest zum Dank dafür, dass der Ewige, gelobt sei er, uns die Torah, die fünf Bücher Moses, gegeben hat. Weißt du, Mona«, Daniel sagte das mit leuchtenden Augen, »das ist ein richtig tolles Fest. In der Synagoge werden während des Gottesdienstes alle **Torahrollen** aus dem **Aharon Hakodesch**, dem Torahschrein, herausgenommen und dann tanzen und singen wir mit ihnen auf dem Arm in der Synagoge herum. Da ist dann immer eine riesige Stimmung.«

»Ja«, fuhr Joel Schwarz fort, »an diesem Tag beenden wir die Lesung der fünf Bücher Moses mit dem letzten Kapitel. Am darauf folgenden Schabbat beginnen wir dann wieder von vorne mit dem ersten Kapitel des 1. Buches, der Schöpfungsgeschichte.«

Es entstand eine kleine Pause, in der alle nachdenklich an ihren Kuchenstücken herumkauten. Dann fragte Daniel: »Sag mal, Mona, du hast vorhin gesagt, unsere Dekoration erinnert dich an euer Erntedankfest. Wann feiert ihr das denn?«

»Ich weiß es gar nicht so genau«, antwortete Mona etwas verlegen. »Es ist immer an einem Wochenende im Oktober. Ich müsste mal meine Mutter fragen. Hättet ihr Lust, mich zu unserem Erntedankfest zu begleiten?«

»Warum eigentlich nicht«, sagte Joel Schwarz. »Gib nur rechtzeitig Bescheid. Vielleicht kann uns Daniel dann an diesem Wochenende besuchen kommen.«

Als Mona am nächsten Morgen aus dem Fenster sah, hatte sie das Gefühl, dass sich etwas verändert hatte. Sie musste eine Weile nachdenken, bis sie entdeckte, dass die Nachbarin von gegenüber ihre Blumenkästen von den Fensterbänken genommen hatte. Sie hatten schon längere Zeit ein bisschen mickrig ausgesehen, wohl weil die Sonne jetzt nicht mehr so lange um die Hausecke scheinen konnte. Für Mona war das Verschwinden der Blumenkästen ein eindeutiges Zeichen dafür, dass es Herbst geworden war.

Beim Frühstück fragte sie ihre Mutter, wann dieses Jahr das Erntedankfest in der Kirche gefeiert werden würde. Sie erzählte ihr, was sie gestern bei Familie Schwarz erlebt hatte und dass ihr beim Anblick der Sukkah die Idee gekommen war, Familie Schwarz zum Erntedankfest in ihre Gemeinde einzuladen.

»Das ist eine sehr gute Idee«, meinte ihre Mutter. »Dann hätte ich ja endlich einmal Gelegenheit, die Familie kennen zu lernen, bei der du schon so oft zu Besuch warst.«

Das Fest sollte am dritten Sonntag im Oktober stattfinden. Herr Schwarz hatte versprochen, dafür zu sorgen, dass Daniel an diesem Wochenende kommen würde. Wie jedes Jahr half ihre Mutter mit anderen Frauen aus dem Handarbeitskreis der Gemeinde dabei, den Altar zu schmücken. Natürlich gehörte frisch gebackenes Brot dazu und die schönsten Früchte wurden so lange poliert, bis sie glänzten. Letztes Jahr hatte einer der Nachbarn sogar einen Kürbis gebracht, der dick und fett zwischen den Weintrauben und

allen anderen Früchten lag. In diesem Jahr sollten alle Spenden der Obdachlosenhilfe zukommen, die Geld und Lebensmittel für notleidende Menschen sammelt und sich darum kümmert, dass diese Menschen ärztlich versorgt werden. Mona erinnerte sich, dass der Pfarrer von einem Dr. Lehmann erzählt hatte, der einmal im Monat eine ganze Nacht hindurch kostenlos für die Obdachlosen arbeitet.

»Wir stehen hier in der Nachfolge Jesu«, hatte der Pfarrer gesagt. »Schon Jesus hat gesagt: ›Was du einem der Ärmsten getan hat, das hast du mir getan.‹ Wir sollen immer den Armen helfen.«

Zum Erntedankgottesdienst kamen viele Menschen aus den Nachbargemeinden und solche, die man sonst nicht so oft in der Kirche sah. Die Kinder vom Kindergarten und vom Kindergottesdienst spielten und sangen. Jedes Jahr bastelten sie für die Besucher des Erntedankfestes kleine Geschenke. Im Eingang der Kirche hing eine Ausstellung von Rebekka, dem Patenkind einiger Frauen aus der Gemeinde. Mona mochte die Bilder dieses kleinen dunkelhäutigen Mädchens, das so verschmitzt zu ihr herunterlachte. Die Kollekte würde wie jedes Jahr zu diesem Anlass wieder an die Kindernothilfe gehen, ein diakonisches Werk, das sich besonders für Kinder aus der Dritten Welt einsetzt.

Mona hielt die ganze Zeit Ausschau nach Familie Schwarz, aber auch als der Gottesdienst schon fast zu Ende war, konnte sie sie nirgends entdecken. Nach dem Gottesdienst traf sich die Gemeinde im Pfarrgarten. Mona spähte unentwegt zum großen schmiedeeisernen Tor hinüber. Die meisten Leute waren schon gegangen, und der Küster begann mit einigen Jugendlichen Bänke und Tische zusammenzuklappen, als endlich Daniels Kopf um die Ecke lugte. Mona sprang auf und rannte ihm entgegen. Aufgeregt ergriff sie die Hand von Herrn Schwarz.

»Ihr seid ja doch noch gekommen«, sagte sie fröhlich. »Ich habe schon gedacht, ihr habt unsere Verabredung vergessen.«

»So eine Verabredung würde ich doch nicht vergessen«, antwortete Daniel, und seine Stimme klang etwas beleidigt. »Saba besucht sonntags immer einsame Menschen im Krankenhaus. Das ist eine unserer **Mizvot**. Wir hatten eigentlich gedacht, dass wir das noch vor Beginn eures Festes schaffen werden, aber heute hat es besonders lange gedauert. Es tut uns Leid, dass wir so spät kommen.«

Mona freute sich darüber, dass sie überhaupt noch gekommen waren,

und führte Joel Schwarz und Daniel zu dem Tisch, an dem ihre Eltern saßen.

»Sie haben eine sehr aufgeweckte Tochter«, begann Herr Schwarz die Unterhaltung. »Sie ist mir eine richtige Freundin geworden.« Damit war die zunächst entstandene Verlegenheit auf beiden Seiten überwunden, alle setzten sich lachend. Lange hielt es Mona allerdings nicht am Tisch aus. Sie wollte Daniel das Gemeindegelände zeigen und zog ihn fort in den Jugendraum, in dem eine Tischtennisplatte stand. Als sie von ihrem Rundgang wieder auf den Kirchhof zurückkehrten, stand Herr Schwarz schmunzelnd zwischen ihren Eltern. Er schien sich ganz nett unterhalten zu haben.

»Du wolltest uns doch deine Kirche zeigen, Mona.« Joel Schwarz sah sie aufmunternd an. Vater hatte den großen alten Kirchenschlüssel in der Hand, der ihr immer so viel Respekt abforderte. Hier draußen war bereits alles aufgeräumt und die letzten Gäste gegangen. Sie betraten gemeinsam die Kirche, in der es kühl war und nach all den Früchten und dem frischen Brot auf dem Altar roch.

Mona blinzelte stolz zu Joel Schwarz hinauf.

»Sie sieht schön aus, deine Kirche«, sagte er.

Daniel hielt sich dicht an seinen Groß-

vater. Er war das erste Mal in einem christlichen Gotteshaus und fühlte sich etwas unsicher. Er suchte nach Dingen, die ihm vertraut waren. Die langen Holzbänke; solche gab es auch in der Synagoge. Auch die Leuchter ähnelten sich. Aber die vielen Bilder an den Wänden: So etwas hatte er noch nie gesehen. Er ergriff die Hand des alten Mannes, während sie durch das Kirchenschiff wandelten.

»Komm, Daniel, ich zeige dir in einem Glasfenster deinen Namen, die Geschichte von Daniel in der Löwengrube aus dem Alten Testament«, sagte Monas Vater.

»Hier in der Kirche?«, entfuhr es Daniel ungläubig.

»Aber ja doch, siehst du, wie grimmig die Löwen hier aussehen?«

»Sie sehen doch ganz lieb aus«, protestierte Mona.

Daniel konnte es gar nicht glauben, hier in den bunten Glasfenstern diese Geschichte zu finden. Auch in den anderen Glasfenstern entdeckte er Abbildungen zu Geschichten, die er aus dem Tenach kannte.

»Weißt du, Daniel, die christliche Religion könnte es ohne die Geschichten des Alten Testamentes gar nicht geben«, begann Monas Vater. »Jesus war ja Jude wie du und er hat seine Religion so gut gekannt wie dein Opa. Er

war bestimmt ein besonders frommer Mann. Für uns ist das Alte Testament genauso wichtig wie das Neue Testament, in dem die Geschichten von Jesus aufgeschrieben sind.«

»Was ist das, das Alte und das Neue Testament?«, wollte Daniel wissen. Er war etwas verwirrt.

Monas Vater schaute ihn erstaunt an und Joel Schwarz antwortete: »Die Christen nennen den Tenach das Alte oder das Erste Testament, und weil für sie die Überlieferung mit der Geschichte von Jesus weitergeht, nennen sie diese das Neue Testament. Es ist ein Teil der christlichen Bibel.«

»Ihr habt also die Bibel weitergeschrieben«, stellte Daniel nachdenklich fest.

»Ja, so könnte man es sagen«, antwortete jetzt Monas Vater. Er bemerkte, mit welcher Verwunderung der Junge die Bilder betrachtete. »Weißt du, Daniel«, fuhr er deshalb mit seiner Erklärung fort, »früher konnten die meisten Menschen hier nicht lesen. Damit sie aber trotzdem die biblischen Geschichten kennen lernen konnten, hat man sie ihnen erzählt und zur Erinnerung als Bildergeschichten gemalt. Hier drüben z. B. ist die Auferstehung Jesu abgebildet und wie Gottvater ihn zu sich in den Himmel nimmt.«

Daniel runzelte die Stirn. Auch er glaubte an die Auferstehung der Menschen, aber erst am Ende der Zeiten, wenn der **Meschiach** gekommen war. Dass Gott schon vor dem Ende der Welt einen Menschen aus dem Grab hatte auferstehen lassen, kam ihm seltsam vor. Aber er wagte nicht zu fragen. Anstelle dessen sagte er: »Auch wir nennen Gott unseren Vater. Viele Gebete beginnen mit ›awinu malkejnu‹, unser Vater unser König; aber wir würden ihn nie malen, schon gar nicht als Mensch. In unseren **Zehn Geboten** steht: ›Du sollst dir kein Bildnis machen‹.« Hilfesuchend schaute er seinen Großvater an.

»Du hast Recht, Daniel«, kam dieser ihm zu Hilfe. »Als uns der Allmächtige die Zehn Gebote gab, wollte er wohl verhindern, dass wir genauso wie alle anderen Völker um uns herum Götzenbilder aus Ton, Holz oder Stein anbeten. Deshalb verbot er uns die Darstellung. Auch die Christen kennen die Zehn Gebote, aber sie legen dieses Gebot anders aus als wir.«

Nun wollte Mona nicht mehr länger warten. Ungeduldig zog sie Joel Schwarz vor das Bild, auf dem Jesus mit seinen Jüngern beim letzten Abendmahl zu sehen war.

»Saba«, rief Daniel plötzlich, »da oben in dem Fenster steht ja der **Name des Ewigen**, gelobt sei er.«

Mona sah Daniel bewundernd an. »Du

kannst diese Schrift lesen?«, fragte sie. »Sicher, ich lerne doch seit der 1. Klasse Iwrit in der Schule.« Zu seinem Großvater gewandt fragte er: »Aber warum schreiben sie hier in der Kirche den Namen ganz aus?«

»Was meinst du damit?«, fragte ihn Monas Vater.

Jetzt übernahm wieder Herr Schwarz das Erklären. »Dieses Wort, das dort oben in hebräischen Buchstaben steht, ist der Name des Ewigen. Weil er uns sehr heilig ist und wir ihn nicht entehren, beschmutzen oder auch nur unnötig benutzen wollen, sprechen wir ihn fast nie aus. Wir schreiben ihn auch meistens nicht, sondern benutzen Abkürzungen.«

»Aber was sagt ihr dann, wenn ihr Gott meint und seinen Namen nicht aussprechen dürft?« Mona runzelte die Stirn.

»Wir haben viele Umschreibungen für ihn, ich habe einmal gehört, dass es 99 Namen für den Ewigen, gelobt sei er, gibt. Herr der Welt ist einer, oder der Ewige, der Name, er ist der Heilige, der Schöpfer der Welt, der da war und der sein wird in Ewigkeit.« Daniel dachte nach. »Ich kenne bestimmt nicht 99.«

Es war still geworden in der Kirche. Alle hingen ihren Gedanken nach. Durch die offene Tür wehte ein leich-

ter Wind in das Kirchenschiff und ließ die Ähren, die in einer dicken Vase auf dem Altar standen, erzittern.

Leise zog Daniel seinen Großvater am Ärmel.

»Saba, ich glaube, wir müssen langsam aufbrechen, sonst verpasse ich noch meinen Zug.«

Quietschend fiel die schwere Kirchentür ins Schloss, und Monas Vater drehte den Schlüssel zweimal herum. Auf der Straße verabschiedeten sich die Familien voneinander, doch bevor sie sich trennten, lud Joel Schwarz Mona für einen der nächsten Tage zu sich ein. »Ich habe ein Buch über dein Lieblingsbild, in dem Darstellungen verschiedener Künstler zu diesem Thema abgebildet sind. Wenn du mich besuchst, kann ich dir ein bisschen über das Fest erzählen, das Jesus an diesem Abend wahrscheinlich mit seinen Jüngern feierte.«

Mona wurde einige Zentimeter größer vor Stolz. Sie freute sich über die Einladung. Auch Daniel horchte auf.

»Ja, ja, Daniel«, sagte Joel Schwarz, als er seinen Enkel bemerkte. »Du bist natürlich auch herzlich eingeladen. Vielleicht kannst du ja etwas von dieser jungen Dame lernen.« Er lachte verschmitzt, lüftete seinen Hut zum Abschied und ging mit Daniel zur Straßenbahn. Dabei entdeckte Mona, dass

er unter dem Hut sein Samtkäppchen trug, mit dem sie ihn auch zu Hause gesehen hatte.

Auf dem Heimweg unterhielt sich Mona mit ihren Eltern über die Ereignisse des Tages. Das Erntedankfest war dieses Jahr wieder schön gewesen.

»Deine beiden Freunde sind sehr freundliche Menschen«, sagte ihr Vater. »Während du dich mit Daniel vergnügt hast, hatten wir ausgiebig Gelegenheit, uns mit Herrn Schwarz zu unterhalten. Er ist ein sehr aufgeschlossener, gebildeter Mann. Wir freuen uns, dass du so nette Menschen kennen gelernt hast.«

Kapitel 8

Am achten Tag

Mona saß an ihrem Schreibtisch und schaute aus dem Fenster. Draußen war richtig tristes Novemberwetter. Es regnete schon seit Tagen, und das wenige Licht, das seinen Weg durch die dicken Wolkenschwaden fand, veränderte die Farben des Himmels nur von Dunkelgrau in Hellgrau und wieder in Dunkelgrau. Mona ging dieses Wetter auf die Nerven. Alles sah traurig aus, es gab keine Blumen mehr draußen auf den Balkonen, und die Bäume hatten auch schon fast alle Blätter verloren. Und dann erinnerte sie sich daran, dass Joel Schwarz ihr angeboten hatte, ein Buch mit Abbildungen über das letzte Abendmahl anzuschauen. Vielleicht sollte sie einfach mal bei ihm vorbeischauen.

Sie hatte Glück. Familie Schwarz war zu Hause. Channah öffnete ihr die Tür.

»Hallo, Mona, schön, dass du uns auch mal wieder besuchst. Ich habe dich lange nicht mehr gesehen.«

»Ach, ich wollte mal sehen, wie es Ihnen geht. Herr Schwarz sitzt nicht mehr auf dem Spielplatz, seitdem es so kalt geworden ist, und ich bin ja auch nicht mehr so oft dort.«

»Höre ich da die Stimme meiner kleinen Freundin?«, ließ sich jetzt Joel Schwarz aus dem Wohnzimmer vernehmen. »Komm nur rein zu mir. Wir sitzen hier gerade bei einer Tasse Tee und schauen uns das Video von der **Brit Milah** des jüngsten Enkelkindes meiner Schwester an. Wenn du Lust hast, kannst du es dir mit uns ansehen.« Mona hatte Lust, auch wenn sie nicht wusste, worum es überhaupt ging.

»Was bedeutet Brit Milah?«, frage sie Joel Schwarz, nachdem sie es sich auf dem Sofa bequem gemacht hatte.

»Warte eine Minute, ich will erst noch das Band zurückspulen. Wir schauen uns das Ereignis dann mit dir noch einmal von vorne an.« Er spulte das Video zurück und fuhr fort: »Jeder jüdische Junge wird am achten Tag nach seiner Geburt zum Zeichen unseres Bundes mit dem Ewigen beschnitten. Brit Milah bedeutet ›Bund der Beschneidung‹. In der Torah steht, dass der Ewige, gelobt sei er, Awraham gebot, alles Männliche in seinem Haus zu beschneiden. Und Awraham beschnitt sich, seinen Sohn Ismail, der 13 Jahre alt war, und alle Männer, die in seinem Haushalt lebten. Seinen Sohn Isaak beschnitt er am achten Tag nach seiner Geburt, wie Gott es befohlen hatte. Weil Isaak, der Sohn Sarahs, den Bund fortsetzen sollte, beschneiden wir unsere Söhne am achten Tag

45

nach der Geburt. Die meisten Muslime beschneiden ihre Söhne mit 13 Jahren, so wie Ismail, der Sohn Hagars, mit 13 Jahren beschnitten wurde.«

»Puh, das sind aber viele Namen auf einmal«, warf Mona ein. »Abraham, Isaak und Sarah kenne ich ja, aber die anderen …«

»Ich glaube es dir; das ist am Anfang verwirrend. Aber wenn du Lust hast, kannst du die Geschichte in aller Ruhe zu Hause nachlesen. Sie steht im 17. Kapitel des 1. Buches Mose.«

Joel Schwarz schaltete den Videorecorder ein. Mona sah viele Menschen, die durcheinander liefen, sich unterhielten oder in die Kamera winkten. Das Fest schien in einer Wohnung stattzufinden, man sah ein Wohnzimmer, an dessen einer Seite ein Tisch mit verschiedenen Speisen aufgestellt war. Daneben stand ein kleiner Tisch, auf dem alle möglichen Geräte aus Metall lagen, weiße Tücher, ein Silberbecher und eine Weinflasche. Ein älterer Mann im weißen Kittel und mit einer weißen **Kippah** auf dem Kopf hantierte an den Geräten herum und legte noch Verbandszeug dazu. Irgendwie sah der Tisch aus wie bei einem Arzt, nur der Becher und die Weinflasche passten nicht dazu.

»Was macht dieser Mann im weißen Kittel dort?«, wollte Mona wissen.

»Dieser Mann ist der **Mohel**, ein frommer Mann, der die Beschneidung vornimmt. Er überprüft vor der Brit Milah die dafür nötigen Geräte. Schau, hier siehst du das Messer, mit dem die Spitze der Vorhaut des kleinen Jungen abgeschnitten wird. Es ist auf beiden Seiten der Scheide geschliffen und sehr scharf, damit der Schnitt glatt ist und keine wulstige Narbe hinterlässt. Daneben liegt der Kamm, eine Art Schablone, die auf die Vorhaut oberhalb der Eichel geschoben wird, damit diese bei der Beschneidung nicht verletzt werden kann.«

»Tut dem armen Kerlchen das nicht weh, wenn man ihm da unten etwas abschneidet?«, fragte sie ihren Gastgeber und machte dabei ein Gesicht, als hätte sie eine ganze Zitrone auf einmal gegessen.

Joel Schwarz bemerkte Monas Zweifel. »Weißt du, Mona«, erwiderte er, »für uns ist es ein ganz normaler Anblick. Bei uns ist jeder Mann beschnitten, und jedes Mal wird daraus ein großes Fest gemacht. Die Beschneidung selber merkt der Junge kaum. Er wird mit ein paar Tropfen Wein etwas betrunken gemacht. Nur später, wenn er pischen muss, brennt es einen Tag lang. Aber danach ist alles vergessen.«

Mona war nicht so ganz überzeugt, aber sie wollte nichts sagen. Joel

Schwarz ließ das Video weiterlaufen. Neben dem Tischchen mit den Geräten standen zwei Stühle, die mit weißen Tüchern belegt waren. Auf den einen setzte sich ein Mann, der einen Gebetsschal umgelegt hatte.

»Dieser Mann ist der **Sandak**, man könnte sagen: der Pate der Beschneidung. Er wird das Kind während der Beschneidung halten. Es ist eine besondere Ehre, Sandak sein zu dürfen.«

»Und für wen ist der zweite Stuhl dort?«, wollte Mona wissen.

de das Baby dem Sandak übergeben und der Mohel begann, etwas aus einem Buch vorzutragen.

»Der Mohel spricht jetzt die Gebete, mit denen die Beschneidung eingeleitet wird«, kommentierte Joel Schwarz das Geschehen. Außer vielen Köpfen konnte Mona auf dem Video nicht sehr viel sehen. Der Mohel hatte sich etwas heruntergebeugt, und dann hörte sie das Baby kurz schreien.

»Der zweite Stuhl ist für **Elijahu Hanavi**, den Propheten Elias. Er wird die Ankunft des Messias ankündigen. Wir laden ihn zu vielen Festen ein, weil wir hoffen, dass dann bald der **Meschiach** kommt.«

Eine Frau mit einem winzigen Baby auf dem Arm betrat den Raum. Die Menschen gingen auf sie zu, lachten, küssten und begrüßten sie. Dann wur-

»Jetzt wird noch der Namen des Jungen bekannt gegeben.« Joel Schwarz lauschte den Worten des Mohels, der weiter betete und dann laut »Schlomo ben Nathan« in den Raum rief.

»Er heißt Schlomo, der Sohn Nathans«, wiederholte Joel Schwarz. Die Zeremonie schien zu Ende zu sein, der Kreis löste sich auf, die Menschen begannen zu reden und sich etwas zu es-

sen zu nehmen. Immer wieder hörte Mona dabei ›Mazel Tow‹.

»Was bedeutet dieses Wort?«, wollte sie von Joel Schwarz wissen.

»Herzlichen Glückwunsch«, antwortete er. »Nun ist der Junge in den Bund Abrahams aufgenommen worden. Wenn er 13 Jahre alt ist und seine **Bar Mizvah** gemacht hat, wird er alle Pflichten und Rechte eines Mitglieds der jüdischen Gemeinschaft wahrnehmen.«

»Ist man nur Jude, wenn man beschnitten ist?«, wollte Mona wissen.

»Nein«, erwiderte Joel Schwarz. »Jude ist jeder, der eine jüdische Mutter hat, aber Bar Mizvah, also vollwertiges Mitglied einer jüdischen Gemeinde, kann nur werden, wer beschnitten ist.«

»Das ist dann so ähnlich wie bei uns mit der Taufe. Als mein Cousin getauft wurde, sagte meine Mutter, dass er jetzt Mitglied der Kirche wäre. Aber eine Taufe findet nicht zu Hause statt, sondern in der Kirche.«

Mona stocherte in ihrem Kuchenstück herum. Nach einer Weile fragte sie nachdenklich: »Wie ist das denn bei den Mädchen? Werden die auch beschnitten?«

»Das fehlte noch«, rief Channah lachend. »Bei uns gibt es nichts zum Abschneiden. Mädchen werden auch ohne sichtbares Zeichen in die jüdische Gemeinschaft aufgenommen. Häufig wird einen Monat nach der Geburt bei einem festliches Essen der Name des Mädchens bekannt gegeben. Aber das ist nur eine Sitte, kein Gebot.«

Sie unterhielten sich noch eine Weile über alles Mögliche; dann verabschiedete sich Mona von den beiden und bat sie, Daniel von ihr zu grüßen. Auf dem Heimweg dachte sie an die Taufe ihres Cousins. Damals war die ganze Familie in die Kirche gekommen. Der Pfarrer hatte das Baby gesegnet, ihm Weihwasser über die Stirn gegossen und mit dem Finger ein Kreuz darauf gemacht. Dann hatte er gesagt, es sei jetzt ein Mitglied der Christenheit. Danach war die ganze Familie zu ihrer Tante nach Hause gegangen. Zur Feier dieses Ereignisses wurde auch hier ein fröhliches Familienfest veranstaltet mit gemeinsamem Essen. Mona wusste nicht warum, aber der Gedanke, dass es doch viel Gemeinsames zwischen den Religionen gab, machte sie irgendwie zufrieden.

Kapitel 9

Schrecklicher, als du es dir vorstellen kannst

Das schrille Klingeln des Telefons schreckte Mona aus ihren Träumen heraus. Sie hatte sich in eins ihrer Lieblingsbücher von Enid Blyton vertieft und brauchte einige Zeit, bis sie in die Wirklichkeit zurückfand. Es war Oma, die sich jämmerlich anhörte. Mona liebte ihre energische Großmutter. Sie war meistens gut gelaunt und voller Energie, aber jetzt schien es ihr richtig schlecht zu gehen.

»Mona, ich brauche deine Hilfe! Kannst du bei mir vorbeischauen?«

Mona war sofort hellwach. Oma erzählte ihr, dass sie gestürzt sei und der Arzt ihr befohlen hatte, das Sofa nicht zu verlassen.

»Sei doch so lieb und kaufe mir ein wenig Brot und Käse auf dem Weg ein«, bat Oma, bevor sie den Hörer auflegte. Mona plünderte die Kleingeldkasse in der Küche und schrieb ihrer Mutter einen Zettel. Unterwegs kaufte sie außer Brot und Käse noch ein paar Tomaten, Magermilch und Omas Schonkaffee. Nachdem sie an ihrer Tür geklingelt hatte, dauerte es wirklich sehr lange, bis die alte Dame endlich öffnete. Der Verband um ihren Knöchel sah gewaltig aus, und es war nicht zu übersehen, dass Oma große Schmerzen beim Gehen hatte.

»Mona, ich brauche deine Hilfe«, begann Oma, nachdem sie sich stöhnend aufs Sofa hatte fallen lassen. »Du musst am Samstag für mich auf den Friedhof gehen und Opas Grab mit Zweigen abdecken. Am Sonntag ist doch Ewigkeitssonntag und alle Leute gehen die Gräber ihrer Verwandten besuchen. Da soll Opas Grab auch anständig aussehen. Ich habe die Zweige schon in der Gärtnerei bestellt und Herr Kuhn kann dir auch zeigen, wo das Grab ist.«

Mona wollte ihrer Großmutter gerne helfen, aber am Samstag hatte sie sich schon mit ihren Freunden zum Schwimmen verabredet. »Ich werde das morgen erledigen«, versprach sie und überlegte, ob sie nicht Herrn Schwarz bitten sollte, sie zu begleiten. Alleine fand sie es auf dem Friedhof immer etwas gruselig.

»Oma«, begann sie, »ich habe einen neuen Freund, der ist älter als du.«

»Sooo«, kam es gedehnt vom Sofa herüber. »Der muss ja steinalt sein.«

Plötzlich hatte Mona doch keine Lust, von Joel Schwarz und seiner Familie zu erzählen. Vielleicht würde Oma sie ja dann auch wegen Daniel aufziehen, genauso wie ihre Freundin Lisa, mit der sie sich deshalb ein bisschen ver-

kracht hatte. Aber ihre Großmutter ließ nicht locker.

»Gehört dieser Freund zu der jüdischen Familie, die du kennen gelernt hast?«, wollte sie wissen und genoss Monas erstauntes Gesicht. »Glaubst du, dein Vater hätte mir nicht erzählt, wo du den ganzen Sommer gesteckt hast?«, fuhr sie lachend fort.

Das sah Vater wieder mal ähnlich. Er war eine richtige Plaudertasche.

»Vielleicht kann mir Herr Schwarz auf dem Friedhof helfen«, wagte Mona jetzt doch zu sagen.

»Was soll denn der Herr Schwarz auf dem Friedhof?«, wollte Großmutter wissen, »der hat doch sicher keine Verwandten dort begraben.«

Mona stutzte. Darüber hatte sie noch nie nachgedacht. Alle Familien, die sie kannte, hatten Verwandte auf dem Friedhof begraben, deren Gräber im Sommer gegossen und vor dem Ewigkeitssonntag winterfest gemacht werden mussten. Jetzt fiel ihr ein, dass sie auf den Gräbern immer nur Kreuze, aber niemals andere Symbole oder gar **Davidsterne** gesehen hatte. Bei der nächsten Gelegenheit wollte sie Herrn Schwarz fragen, wo seine Familie begraben liegt.

»Ich glaube nicht, dass Herr Schwarz weiß, was für uns der Ewigkeitssonntag bedeutet«, ließ sich Oma nach ei-

ner Weile aus der Sofaecke vernehmen.

»Ich weiß es eigentlich auch nicht so richtig«, gestand Mona kleinlaut.

Oma wurde plötzlich wieder die Alte. Sie setzte sich in ihrer Sofaecke zurecht und begann zu erzählen, als hätte sie auf diesen Moment gewartet. Erst als Mutter vor der Tür stand, bemerkten beide, wie spät es geworden war. Abends, als Mona schon im Bett lag, stellte sie zufrieden fest, dass sie bei Oma wieder einmal viel Neues gelernt hatte. Sie wusste nun, dass diesem besonderen Sonntag ein Tag vorausging, an dem man über sein ganzes Leben nachdenken, Fehler erkennen und bereuen sollte. Sie wusste auch, dass dieser Sonntag der letzte im Kirchenjahr war, bevor das neue mit dem ersten Adventssonntag begann. Sie hatte gelernt, dass im Gottesdienst dieses Tages noch einmal alle Namen jener Menschen genannt wurden, die im vorangegangenen Kirchenjahr verstorben waren, und dass man nach dem Gottesdienst, in dem besonders der Besinnung auf den Tod gedacht wurde, auf die Friedhöfe geht, um an den Gräbern der Verstorbenen zu beten.

Mona stellte auch erstaunt fest, dass sie nun drei Kalender kannte: den, den sie in der Schule benutzten und nach dem sich auch die Fernsehzeitung richtete. Dann den von Familie Schwarz, der im

Herbst begann, und den Kirchenkalender, der am 1. Advent anfing.

Das Grab von Opa deckte Mona dann doch alleine ab, weil sich bei Familie Schwarz Besuch aus Israel angesagt hatte und Joel Schwarz wieder einmal mit Einkaufstaschen bepackt durch die Straßen eilte.

Einige Tage später rief Daniel bei ihr an. Er war am Abend mit seiner Familie in der Stadt angekommen, weil Channahs Schwester Judith gestorben war und sie am nächsten Tag beerdigt werden sollte. Daniel hörte sich sehr niedergeschlagen an. Er erzählte, dass er Tante Judith eigentlich nicht so gut gekannt habe. Sie war vor einigen Jahren in das jüdische Altersheim gezogen. Dort hatte er sie immer besucht, wenn er bei seinen Großeltern war. Aber seiner Großmutter ging es sehr schlecht. Judith war die einzige Verwandte, die von ihrer großen Familie noch übrig geblieben war. Jetzt fühlte sie sich ganz alleine.

Mona wusste nicht so recht, was sie Daniel sagen sollte. Er tat ihr leid. Immer wenn sie Menschen ihr Beileid aussprechen wollte, die den Tod eines Verwandten oder Freundes zu beklagen hatten, fühlte sie sich unbehaglich. Sie wusste nie, was man da sagen sollte, hatte immer das Gefühl, jedes Wort war falsch.

»Sag mal, Daniel«, wagte sie dann doch zu fragen, »kann ich dich auf die Beerdigung begleiten? Vielleicht kann ich dir und deinen Großeltern ja ein bisschen helfen. Weißt du, gerade letzte Woche habe ich mich mit meiner Großmutter darüber unterhalten, dass ich gar nicht weiß, wo und wie ihr eure Familien beerdigt.«

»Warte mal einen Moment«, sagte Daniel. »Ich frage Saba.« Es blieb eine Weile ruhig, Mona hörte nur im Hintergrund verschiedene Stimmen, die sich miteinander vermischten. Dann nahm Daniel wieder den Hörer auf. »Wenn du möchtest, kannst du gerne mitkommen. Wir können uns ja um viertel vor eins am Haupteingang des Friedhofs treffen.«

Mona war unsicher. Sie wusste ja gar nicht, wo dieser Friedhof war. »Sag mal«, sagte sie deshalb zu Daniel, »kann ich nicht mit dir zusammen dorthin fahren? Ich weiß doch gar nicht, wo das ist.«

»O. k.«, willigte Daniel ein. »Aber versuche, um zwölf Uhr bei uns zu sein.«

Noch vor dem Läuten nach der vierten Stunde hatte sie ihre Sachen gepackt, und beim letzten Gongschlag sprang sie wie ein geölter Blitz aus der Klasse, riss ihre Jacke vom Haken und eilte nach Hause, wo sie den Schulranzen in

die Ecke warf, sich ihren dunklen Wollmantel schnappte und zur Wohnung der Familie Schwarz eilte. Dort befanden sich schon alle im Aufbruch. Joel Schwarz legte ihr zur Begrüßung die Hand auf die Schulter: »Schön, dass du gekommen bist, Mona.« Er klang müde und traurig.

Channah hatte tiefe Ränder unter den Augen. Mona sah, dass sie geweint hatte.

»Das mit Ihrer Schwester tut mir leid, Channah«, sagte sie etwas unsicher.

»Willst du uns wirklich begleiten?«, fragte Channah. Als sie Monas unsicheren Blick bemerkte, drückte sie das Mädchen an sich und fügte mit einem dünnen Lächeln hinzu: »Das ist wirklich sehr lieb von dir, es ist kein einfacher Gang.« Damit drehte sie sich abrupt zur Seite, band sich ein Kopftuch um und verließ die Wohnung.

Im Taxi fuhren sie zum Friedhof, hielten aber nicht am Haupteingang des großen Zentralfriedhofs, sondern fuhren weiter an der Friedhofsmauer entlang, bis sie zu einem weiteren Tor kamen, das Mona noch nie gesehen hatte. In den Torbogen waren hebräische Worte eingemeißelt. Die Familie begab sich in ein Seitengebäude eines großen Hofes, der sich hinter dem Tor erstreckte. Dort, in der Trauerhalle, saßen bereits einige Menschen, zu denen

sich Channah setzte. Es waren die beiden Söhne von Judith mit ihren Frauen. Der Raum füllte sich nach und nach mit Menschen, meist älteren, wohl Bekannten von Judith oder Familie Schwarz. Mona fiel auf, dass die Männer fast alle Hüte trugen, nur einige hatten eine Kippah auf dem Kopf. Auch die meisten Frauen hatten sich mit einer Kopfbedeckung versehen, entweder einem Hut oder einem Kopftuch. Nach einiger Zeit verließen die Trauergäste den Raum und begaben sich auf die andere Seite des Hofes in den Andachtsraum.

»Bleib einfach bei mir, sonst gehst du noch verloren«, sagte Daniel zu Mona und dirigierte sie ziemlich weit nach vorne in die zweite Reihe, wo er sich schräg hinter seine Mutter setzte. Mona schaute sich um. Der Raum war spärlich erleuchtet und eigentlich schmucklos. Gegenüber der Eingangstür stand eine Art Pult und dahinter ein großer, mit schwarzem Tuch abgedeckter Kasten, neben dem eine Kerze brannte. Das war wohl der Sarg. Ein bärtiger Mann in einem langen schwarzen Mantel und schwarzem Hut trat an das Pult. Mona hatte ihn bereits in der Trauerhalle gesehen. Er war **Rabbiner** dieser Gemeinde und begann über die Verstorbene zu sprechen. Judith war in Polen geboren, die

drittälteste von elf Geschwistern und mit Channah die einzige Überlebende ihrer Familie. Mona überlegte, was damit wohl gemeint war. Alle anderen schienen zu verstehen, was Channah und Judith überlebt hatten. Sie wollte Daniel später danach fragen. Der Rabbiner erzählte weiter. Judith war sehr früh verheiratet gewesen, hatte ihren ersten Mann und ein Kind schon im Ghetto verloren, war nach Auschwitz deportiert und in Mauthausen befreit worden, dann nach Israel ausgewandert, hatte dort wieder geheiratet und ihre beiden Söhne geboren. Vor über 30 Jahren war sie mit ihrer Familie nach Deutschland gekommen. Hier hatten sie ein kleines Textilgeschäft aufgemacht.

Mona klangen die beiden Ortsnamen Auschwitz und Mauthausen noch im Ohr. Am **9. November** hatten sie im Geschichtsunterricht über die Judenverfolgungen gesprochen und dass die Nazis **Konzentrationslager** gebaut haben, in denen sie Menschen vergast und verbrannt haben.

Es blieb aber keine Zeit zum Nachdenken. Der Rabbiner hatte seine Rede beendet und sprach ein Gebet in Hebräisch. Danach trat ein anderer Mann ans Pult. Alle standen auf und Mona stupste Daniel an und fragte ihn: »Wer ist dieser Mann?«

»Das ist der **Chasan**, unser Kantor«, flüsterte Daniel, »er singt jetzt das Klagelied.« Es klang wirklich sehr traurig. Danach wurde der Sarg auf einem Rollwagen aus dem Andachtsraum heraus geschoben und alle Anwesenden folgten ihm. Durch ein Tor ging es über den Friedhof zwischen den Gräbern hindurch. Nach einer Weile bemerkte Mona, dass alle Gräber mit Steinplatten abgedeckt waren. Nirgends sah sie Büsche oder blühende Pflanzen, nur sehr vereinzelt standen Schnittblumen auf den Grabstellen. In die Grabsteine waren hebräische und lateinische Buchstaben eingemeißelt. Auf einigen war auch ein Davidstern zu sehen, und dann entdeckte sie auf mehreren Gräbern am Wegrand zwei Hände, die in einer ganz bestimmten Weise nebeneinander lagen. So hatte sie Hände noch nie abgebildet gesehen!

Der Trauerzug hielt an. Sie waren am Grab angekommen. Zwei Friedhofsarbeiter ließen den Sarg, einen ganz einfachen, ungeschmückten Holzkasten, an langen Gurten in die Grube hinunter. Die beiden Söhne begannen, das Grab mit Erde zuzuschaufeln, andere halfen ihnen. Danach sprachen sie ein Gebet, das Mona wieder nicht verstand. Ein alter Mann trat an die beiden Söhne heran und knöpfte ihnen

die Mäntel auf. Dann nahm er ein kleines Messer aus der Tasche, schnitt ihnen die Hemden am Kragen ein und riss sie ein Stück auseinander. Mona blickte Daniel fragend an, aber der legte den Finger auf seine Lippen und vertröstete sie auf später. Jemand rief in die Menge, dass die **Schiwe** bei Familie Schwarz abgehalten würde. Was das wieder war?

Die Beerdigung schien zu Ende zu sein. Bewegung kam in die Umstehenden. Mona wollte sich schon umdrehen, da bemerkte sie, dass fast jeder einen kleinen Stein aus der Tasche zog und ihn aufs frisch abgedeckte Grab legte. Auch Daniel hatte einen Stein bei sich und legte ihn aufs Grab. Mona erinnerte sich an die Beerdigung ihres Großvaters. Das Grab war über und über mit Blumengestecken und Kränzen belegt, man konnte den Sand darunter gar nicht mehr sehen. Hier dagegen lag nach kurzer Zeit auf der bloßen Erde nur ein Haufen kleiner Steine. Nachdenklich ging sie mit den anderen dem Ausgang entgegen.

Sie zupfte Daniel vorsichtig am Anorak. »Kannst du mir etwas erklären?«, fragte sie vorsichtig.

»Klar«, kam es gedehnt aus Daniels Mund. »Worum geht es denn?«

»Warum legt ihr diese Steinchen auf das Grab?«, wollte Mona nun als erstes wissen.

»Es ist, glaube ich, zum Zeichen des Gedenkens an den Toten«, antwortete Daniel etwas unsicher. »Außerdem will man damit die Seele des Toten beschweren, damit er in Frieden ruhen kann und nicht als Geist durch die Welt irren muss. Es ist ein alter Brauch.«

»Glaubt ihr auch, dass die Toten auferstehen werden, so wie wir?«, fragte Mona weiter.

»Sicher! Wir glauben, dass alle Toten auferstehen und sich in Jerusalem versammeln, wenn der Messias kommt. Deshalb verbrennen wir ja auch nicht unsere Toten, sondern wir beerdigen sie.«

»Diese Bilder, die auf manchen Grabsteinen sind, diese Hände hier z. B., haben die eine bestimmte Bedeutung?« Joel Schwarz war die ganze Zeit nicht von Channahs Seite gewichen. Aber dann hatte diese sich zu einem ihrer Neffen gesellt und Herr Schwarz war den beiden Kindern Richtung Ausgang gefolgt. Jetzt mischte er sich in ihre Unterhaltung ein.

»Diese Zeichen auf den Grabsteinen sind die Erkennungssymbole der Stämme, zu denen diese Menschen gehörten. Die meisten Juden wissen nicht mehr, zu welchem Stamm ihre Vorfah-

ren gehört haben. Durch die vielen Vertreibungen und **Pogrome** sind die meisten Überlieferungen verloren gegangen. Aber von einem Stamm wissen die Nachkommen sicher, dass sie dazu gehörten, denn sie hatten im Tempeldienst und später in den Synagogen und Gemeinden ganz besondere Aufgaben. Die Kenntnis darüber wird bis zum heutigen Tag vom Vater auf den erstgeborenen Sohn weitergegeben. Deshalb wissen die **Cohanim**, die von Mosches Bruder Aharon abstammen, dass sie zum Stamme Levi gehören. Sie waren im Tempel die Priester. Heute sprechen sie z. B. ganz bestimmte Segen über die Gemeinde und haben noch andere Aufgaben. Die Hände dort auf dem Grabstein sind das Zeichen der Cohanim, weil sie beim Segnen ihre Hände so halten. Hier liegt also ein Cohen begraben. Dort drüben siehst du einen Krug. Das ist das Zeichen der **Leviten**, der Tempeldiener, die ebenfalls zum Stamme Levi gehören.«

»Gibt es auch für die anderen Stämme solche Zeichen?«, wollte Mona danach wissen.

»Früher hatte jeder Stamm sein eigenes Zeichen«, fuhr Joel Schwarz fort. »Die meisten Menschen konnten ja nicht lesen und so haben sie Symbole benutzt. Aber lass uns jetzt hinausgehen.

Wir können ja zu Hause weiter darüber sprechen. Wenn du in den nächsten Tagen mal vorbeikommst, kann ich dir die Symbole aller anderen Stämme zeigen.«

Damit wandte er sich von Daniel und Mona ab und eilte seiner Frau hinterher. Die beiden folgten ihm. Vor dem Ausgang sah Mona jetzt mehrere Waschbecken in eine Mauer eingelassen. Die Trauergäste wuschen sich dort alle die Hände. Auch Daniel steuerte auf diesen Ort zu. Er hatte Monas Blick aufgefangen und sagte deshalb: »Tote sind unrein. Deshalb waschen wir uns, wenn wir mit Toten in Berührung kommen.«

Im Taxi fragte sie Daniel, ob sie wirklich in den nächsten Tagen vorbeikommen solle, wie Joel Schwarz es vorgeschlagen hat. »Meinst du nicht, ich störe bei euch? Deine Großmutter will doch jetzt bestimmt ihre Ruhe haben.«

»In den nächsten Tagen lässt sie sowieso niemand in Ruhe«, antwortete ihr Daniel. »Die ganze Familie wird noch während der Schiwe hier bleiben, und ihre Freunde und Bekannten von ihrer Schwester werden auch jeden Abend zum Beten kommen.«

»Was ist denn diese Schiwe?«, wollte Mona nun doch von Daniel wissen. Sie hatte dieses Wort schon auf dem Friedhof gehört und auch beim Ausgang

hatte viele Leute gefragt, wo die Schiwe stattfindet.

»Wenn ein Mensch gestorben ist, sitzen die nächsten Angehörigen eine Woche lang in ihrer Wohnung Trauer. Freunde und Bekannte kommen sie besuchen, trösten und versorgen sie. Es ist eine Mizvah, zur Schiwe zu gehen. Das Haus wird also sowieso voll sein, und wenn du mich ab und zu besuchen kommst, bin ich bestimmt nicht böse.«

Zwei Tage später löste Mona dann ihr Versprechen ein. Nachdem sie ihren Schulkram erledigt hatte, machte sie sich auf den Weg. Sie brauchte nicht einmal an der Haustür zu klingeln, denn die stand offen und auch die Wohnungstür war nicht verschlossen. Drinnen hörte sie verschiedene Stimmen.

»Hallo, Schlojmi«, begrüßte sie den Kleinen, der ihr aber nur ein kurzes »Hallo« zuwarf und im Wohnzimmer verschwand. Mona folgte ihm. In der Küche sah sie eine ihr unbekannte Frau hantieren, überall standen Kuchenplatten herum.

Im Wohnzimmer saßen eine Menge Menschen. Mona erkannte die beiden Söhne von Judith, die sie auf der Beerdigung gesehen hatte, mit ihren Frauen. Die beiden Männer saßen auf niedrigen Schemeln, hatten keine

Schuhe an und sahen ziemlich unrasiert aus.

Channah entdeckte Mona zuerst. »Das ist aber schön, dass du uns besuchen kommst«, begrüßte sie das Mädchen. Sie bot ihr einen Tee an und etwas Kuchen.

»Bist du gekommen, um dir das Buch mit den Symbolen der zwölf Stämme Israels anzusehen?«, fragte jetzt Joel Schwarz.

»Das auch«, antwortete Mona etwas verlegen. »Ich wollte einfach mal vorbeikommen und sehen, wie es Ihnen geht. Außerdem hat Daniel mich gebeten, ihn mal zu besuchen.« Sie schaute Channah von der Seite an. »Darf ich etwas fragen?«

»Sicher, nur zu!«, ermunterte sie Channah.

»Als der Rabbiner bei der Trauerfeier vom Leben deiner Schwester erzählt hat, hat er davon gesprochen, dass ihr die einzigen Überlebenden der Familie ward und dass ihr irgendwo befreit worden seid. Ich habe das nicht verstanden.«

Channahs Gesicht wurde auf einmal ganz ernst. Sie schaute zu Joel Schwarz rüber, doch dann antwortete sie Mona. »Das war eine sehr schwere Zeit, Mona. Als die Nazis Polen überfielen, war ich gerade etwas älter als du. Ich hatte elf Geschwister und viele Cousins und

Cousinen, Onkel und Tanten, die fast alle in meiner Heimatstadt wohnten. Judith war meine älteste Schwester. Sie war schon verheiratet, als wir mit der ganzen Familie ins **Ghetto** umziehen mussten. Das waren abgeschlossene Wohnviertel nur für Juden. Es gab sehr wenig zu essen, und so ist das Kind, das sie im Ghetto geboren hatte, verhungert. Ihr Mann wurde kurz vorher von den **Nazis** erschossen, weil sie ihn dabei erwischt hatten, wie er versucht hatte, auf der polnischen Seite Essen für die Familie zu besorgen. 1944 wurde das Ghetto aufgelöst und wir wurden alle in Viehwaggons in das Konzentrationslager Auschwitz deportiert. Bis dahin war die ganze Familie noch zusammen, aber in Auschwitz wurden wir auf der Rampe voneinander getrennt. Meinen Vater und zwei meiner älteren Brüder habe ich später noch einmal bei einer Arbeitskolonne im Straßenbau gesehen. Meine Mutter und die kleineren Geschwister haben sie gleich auf der Rampe, wo der Zug angehalten hatte, von uns getrennt. Ich habe sie nie wieder gesehen. Sie sind wahrscheinlich direkt ins Gas geschickt worden.«

Channah stockte. Dicke Tränen liefen ihr die Wange herunter. Mona wusste nicht, was sie tun sollte. Sie hatte Channah nicht traurig machen wollen.

Daniels Mutter setzte sich neben sie und griff ihre Hand.

»Warum erzählst du immer wieder diese Geschichten, **Ima**, du regst dich doch bloß auf«, sagte sie in einem tadelnden Ton.

»Weißt du, Chajah«, erwiderte die alte Dame, »von wem sollen solche Kinder wie Mona denn erfahren, was damals geschehen ist, wenn nicht von uns? Du hast doch gehört, dass sie davon nichts versteht. Außerdem tut es mir gut, darüber zu sprechen, auch wenn ich weine. Es muss eben einfach mal raus.«

Damit wandte Channah sich wieder Mona zu und fuhr fort: »Ich blieb mit meiner Schwester die ganze Zeit zusammen. Wir wohnten in der gleichen Baracke, waren in dieselben Arbeitskolonnen eingeteilt und überlebten gemeinsam alle Selektionen. Als die sowjetische Armee immer näher rückte und die Nazis begannen, das Lager zu räumen, schickten sie uns zusammen auf den Todesmarsch. Den größten Teil der Strecke mussten wir zu Fuß gehen. Es war Winter, der Schnee lag kniehoch und wir liefen Tag für Tag. Nachts konnten wir, wenn wir Glück hatten, in irgendeiner Scheune übernachten, die die Nazis beschlagnahmt hatten. Aber oft blieb uns auch einfach nur der nasse, kalte Schnee als Lager. Wer auf diesem Marsch krank wurde,

nicht mehr gehen konnte und zurückblieb oder fliehen wollte, wurde von der SS erschossen.«

Mona kniff die Augen zusammen, ein kalter Schauer lief ihr über den Rücken. Tausend Fragen sausten ihr durch den Kopf, aber sie wollte Channah jetzt nicht unterbrechen.

»Als wir mit unserer Kolonne nach einigen Wochen in Mauthausen ankamen, waren von den ursprünglich 5000 Menschen, die mit uns gemeinsam Auschwitz verlassen hatten, nur noch 200 übrig. Wir hatten Glück, denn es gelang uns, in der Krankenbaracke als Krankenschwestern eingeteilt zu werden. So mussten wir wenigstens nicht draußen in der Kälte im Steinbruch oder in den unterirdischen Waffenfabriken der Nazis arbeiten und bekamen ab und zu auch eine Kelle Suppe mehr. Anfang Mai befreiten amerikanische Soldaten das Lager, der Krieg war zu Ende, Hitler war tot und das Deutsche Reich zerstört. Wir hatten überlebt. Über verschiedene Hilfsorganisationen suchten wir nach Verwandten und Bekannten, aber es gab niemanden mehr. Von unserer Familie, die 86 Seelen zählte, waren nur meine Schwester und ich übrig geblieben.« Channah starrte vor sich hin. Sie war wohl in Gedanken bei ihren Erinnerungen.

»Das ist eine schreckliche Geschichte«, sagte Mona fassungslos. Sie hatte in der Schule gehört, dass im 2. Weltkrieg die Nazis Juden verfolgt und umgebracht hatten. Aber so wie Channah es erzählte, hatte sie es sich nicht vorgestellt. Es war etwas anderes, diese Geschichte von jemandem zu hören, der es miterlebt hat.

»Ja«, erwiderte Channah, »es war schrecklich, ein Alptraum. Es war schrecklicher, als du es dir jemals vorstellen können wirst.« Jetzt streckte sie sich, setzte sich aufrecht hin und fuhr mit fester Stimme fort: »Aber weißt du, wir haben überlebt, haben geheiratet und Kinder geboren, die ebenfalls wieder Kinder haben. Wir sind, dem Ewigen sei Dank, wieder eine große Familie geworden. Möge der Ewige sie beschützen. Wir haben überlebt und die Nazis sind besiegt worden!«

Damit rieb sie sich die Augen und stand auf, um einige Gäste zu begrüßen, die gekommen waren. Mona hatte gar nicht bemerkt, dass es schon dämmerte. Die Wohnung hatte sich auf einmal mit vielen Menschen gefüllt. Jetzt kamen auch der Rabbiner und der Kantor. Mona verdrückte sich etwas in die Ecke. Daniel war mit dem Cousin aus seinem Zimmer herausgekommen. Gebetbücher wurden verteilt, und auf einmal versammelten

sich alle Männer auf einer Seite des Wohnzimmers, stellten sich in eine bestimmte Richtung und begannen zu beten. Die Frauen hatten sich in der Zwischenzeit in einer Ecke des Esszimmers versammelt, saßen dort still und warteten. Am Ende des Gebets traten die beiden Söhne Judiths hervor und sagten gemeinsam das Gebet, das sie auch schon am Grab gesprochen hatten. Danach mischten sich die beiden Gruppen wieder, es wurde gegessen, getrunken und miteinander geredet.

Als Joel Schwarz einen Augenblick alleine auf seinem Stuhl am Esstisch saß, ging Mona zu ihm, um sich zu verabschieden.

»Komm, setz dich noch einen Augenblick zu mir«, sagte der alte Herr. »Du hast in den letzten Tagen eine Menge neuer, vor allem sehr trauriger Dinge miterlebt und gehört. Es ist sicher nicht so einfach, das alles zu verstehen. Das, was du heute hier miterlebt hast, ist die Schiwe. Sieben Tage lang sitzen wir Trauer um unsere Angehörigen. Zum Zeichen unserer Trauer schneiden wir uns nicht die Haare, reißen unsere Kleider ein und rasieren uns auch nicht. In diesen sieben Tagen gehen wir nicht aus dem Haus, sondern unsere Freunde und Verwandten besuchen uns, reden mit uns und beten mit uns das **Kaddisch**, das Totengebet. Es

ist ein sehr altes Gebet und noch in **aramäischer** Sprache. Du hast es schon auf dem Friedhof gehört und vorhin, als die beiden Söhne Judiths es gesprochen haben. Sie werden es jetzt ein Jahr lang jeden Tag sagen. Nach dem Ende der Schiwe gehen wir zum ersten Mal wieder auf den Friedhof und dann nach 30 Tagen. Damit ist die Haupttrauerzeit beendet. In manchen Gemeinden wird der Grabstein gesetzt, in anderen erst nach einem Jahr, wenn wir zum Gedenken an den Todestag das Grab besuchen. Das machen wir dann jedes Jahr.«

»Geht ihr sonst zwischendurch nicht auf den Friedhof?«, wollte Mona jetzt wissen. »Meine Oma geht fast jede Woche zum Grab meines Opas, gießt die Blumen, pflegt das Grab und betet, glaube ich.«

»Im ersten Jahr nach dem Tod dürfen wir gar nicht auf den Friedhof gehen, außer am Ende der 30 Tage und dann am ersten Todestag. Danach gehen wir vor dem Neujahrsfest, Rosch Haschanah, und zur Jahrzeit, dem Todestag. Da wird dann zum Gedenken an den Verstorbenen eine Kerze gezündet und in der Synagoge Kaddisch gesagt. Aber sonst gedenken wir unserer Lieben zu Hause. Das Leben muss ja weitergehen, die Menschen sollen sich den Lebenden zuwenden, aber der Toten ge-

denken. So ist es bei uns üblich. Deshalb gibt es auf unseren Gräbern auch keine Pflanzen oder Blumen, die gepflegt werden müssen, damit kein Totenkult entsteht.«

Mona war nachdenklich geworden. Sie verabschiedete sich von Familie Schwarz, schlug Daniel vor, sich bei ihr zu melden, wenn er mal Zeit habe, und ging nach Hause.

Zum Glück war ihre Mutter schon zu Hause. Sie saß gemütlich im Wohnzimmer und las Zeitung. Mona hatte jetzt keine Lust, alleine zu sein. Zu viele Fragen schwirrten ihr durch den Kopf.

»Na, wie geht's?«, fragte ihre Mutter und legte ihre Zeitung zur Seite. Mona wusste das eigentlich nicht so genau. Deshalb antwortete sie auch nicht auf die Frage, sondern begann, ihrer Mutter von den Erlebnissen des Nachmittags zu erzählen, von den vielen Leuten, die in der Wohnung der Familie Schwarz waren und die zum Beten gekommen waren. Schließlich erzählte sie von ihrem Gespräch mit Channah.

»Weißt du, Mama, was Channah erlebt hat, ist so schrecklich und so traurig, aber ich glaube, die richtig schlimmen Sachen hat sie gar nicht erzählt, und ich habe mich auch nicht getraut zu fragen.«

Sie dachte einen Augenblick nach, dann fragte sie ihre Mutter: »Wer waren eigentlich die Nazis und wieso konnten sie solche schrecklichen Sachen machen?«

Monas Mutter fing an zu erzählen. Von den Nationalsozialisten und wie sie an die Macht gekommen sind, von Hitler und seinem Hass gegen die Juden und alle Andersdenkenden. Sie erzählte, wie Juden aus ihren Wohnungen und von ihren Arbeitsplätzen vertrieben wurden, die Kinder nicht mehr in die Schule gehen durften und zum Schluss alle deportiert und in die Konzentrationslager verschleppt wurden. Sie erzählte auch, dass nur wenige Menschen in Deutschland bereit waren, ihren jüdischen Nachbarn zu helfen, entweder aus Angst vor den Nazis oder aus Bequemlichkeit, weil sie keinen Ärger haben wollten oder weil sie Juden nicht leiden konnten und glaubten, was die Nazis ihnen erzählten. Und sie erzählte vom Krieg mit den Nachbarländern, der viele Millionen Tote forderte und Deutschland zerstörte.

Es wurde eine lange Nacht für Mona. Als ihre Mutter sie endlich ins Bett schickte, strich sie ihr übers Haar und sagte: »Weißt du, Mona, wir können Gott danken, dass wir nicht in dieser schrecklichen Zeit gelebt haben.«

Kapitel 10

Acht Tage und vier Wochen

Zu Hause roch es nach frischen Tannenzweigen und Kerzen. Mona liebte die Adventszeit mit ihren Gerüchen, mit den Abenden im Kerzenschein, an denen sie mit den Eltern gemütlich zusammensaß, Weihnachtsplätzchen knabberte und Christbaumschmuck bastelte. Ihr fiel ein, dass sie sich im Herbst vorgenommen hatte, Daniel zum Weihnachtssterne-Basteln einzuladen. Ob er wohl in der nächsten Zeit seine Großeltern besuchen würde?

Sie beschloss, ihm einen Brief zu schreiben. Als sie bei Joel Schwarz anrief, um nach seiner Adresse zu fragen, erfuhr sie, dass Daniel mit seiner Familie wirklich Mitte Dezember seine Großeltern besuchen würde, weil sie Chanukkahferien hätten. Vielleicht würde er ja ihre Einladung zum Bastelabend annehmen. Sie steckte den Brief ein und hoffte, dass Daniel sich bei ihr melden würde.

Einige Tage später klingelte das Telefon. Am anderen Ende der Leitung war Daniel. »Ich habe heute deinen Brief bekommen«, kam er gleich zur Sache. »Danke für die Einladung. Ich werde nächstes Wochenende bei euch sein. Wir haben eine Woche Ferien. Dann können wir uns ja verabreden.«

Mona freute sich. »Toll«, sagte sie ins Telefon. »Außer Montagabend habe ich nächste Woche noch nichts vor. Vielleicht kannst du dir den Dienstag freihalten, und wir telefonieren noch mal, wenn du bei deinen Großeltern bist.«

»Einverstanden«, tönte es durch die Leitung. »Dann bis zum Wochenende. Tschüs.«

»Tschüs, Daniel«, antwortete Mona in den Hörer. Sie hörte nur noch ein Knacken in der Leitung und legte auf.

»Bis zum Wochenende«, dachte sie und seufzte.

Als am Abend ihre Mutter nach Hause kam und sie gemeinsam in der Küche das Abendbrot vorbereiteten, fragte sie, ob sie am Dienstagabend etwas vorhätte.

»Eigentlich nicht«, erwiderte diese. »Gibt es etwas Besonderes?«

»Na weißt du«, Mona schnippelte verlegen an einer Tomate herum, »Daniel ist für ein paar Tage in der Stadt, und ich dachte, wir könnten gemeinsam am Abend ein paar Weihnachtssterne basteln und uns gemütlich unterhalten.«

»Hört sich gut an«, sagte Monas Mutter lachend. »Ich kann ja versuchen, am Dienstag etwas früher nach Hause

zu kommen. Dann können wir den gemütlichen Abend vielleicht sogar schon etwas zeitiger beginnen. Du hast ja schließlich am nächsten Tag Schule.«

Mona hatte bereits den Kaffeetisch gedeckt, zwei der vier großen roten Adventskerzen des Adventskranzes auf dem Esstisch angezündet und Goldpapier, Klebstoff und Scheren bereitgelegt, als Daniel am Dienstagnachmittag an der Wohnungstür klingelte.
»Komm doch rein«, forderte sie Daniel mit einer einladenden Handbewegung auf. Ihre Mutter kam aus der Küche und begrüßte den Jungen. »Ich komme gleich zu euch. Geht schon mal ins Wohnzimmer.«
Mona machte mit Daniel erst mal einen kleinen Rundgang durch die Wohnung, bevor sie sich ins Wohnzimmer begaben.
»Uau«, sagte Daniel, »Teatime im Kerzenschein. Ist ja richtig romantisch bei euch!« Er betrachtete den gedeckten Tisch. »Warum hast du eigentlich die anderen beiden Kerzen nicht auch gleich mit angezündet?«, fragte er nach einer Weile. »Glaubst du, es würde zu hell werden?«
»Nein, natürlich nicht.« Mona sah ihn etwas erstaunt an. »Wir sind doch erst in der zweiten Adventswoche. An jedem der vier Adventssonntage wird

eine Kerze mehr angezündet. Wenn alle vier Kerzen brennen, dauert es nur noch einige Tage bis zum Heiligen Abend. Es ist die Vorbereitungszeit auf Weihnachten.«
»… und eigentlich eine Fastenzeit«, meldete sich jetzt Monas Mutter zu Wort, während sie die Kaffee- und Kakaokannen auf dem Esstisch absetzte. Daniel betrachtete nachdenklich den vollbeladenen Tisch und meinte: »Das ist aber eine ziemlich leckere Fastenzeit, es sei denn, diese duftenden Plätzchen sind nur zur Dekoration.«
»Nein«, lachte Monas Mutter. »Diese Leckereien sind zum Essen da. Aber du hast Recht. Aus der ursprünglichen Fastenzeit ist eine Schlemmerei geworden. Es wurde früher auch nicht völlig gefastet, sondern nur auf besonders gutes und teures Essen wie Fleisch oder Kuchen verzichtet. Damit wollte man sich auf das Weihnachtsfest vorbereiten. Zum Ausgleich für diesen Verzicht haben die Menschen andere Wege gefunden, ihren Gaumen zu verwöhnen, und so entstand wohl die Tradition der Plätzchenbäckerei, zumindest in Mitteleuropa.«
»Ich finde das eine sehr angenehme Art zu fasten«, stellte Daniel zufrieden fest, während er bereits an einem Zimtstern knabberte. »Könnt ihr mir erklären, was Weihnachten eigentlich genau ge-

feiert wird?«, bat er nach einer Weile. »Ihr feiert die Geburt Jesu, der für euch der Messias ist. Aber er ist doch für euch auch gleichzeitig Gott?«

»Jesus ist der Sohn Gottes, der vor knapp 2000 Jahren von Maria in Betlehem geboren wurde, um uns von der Erlösung der Welt zu künden«, antwortete Monas Mutter. »Deshalb nennen wir ihn ja auch den Erlöser. Maria und Josef reisten damals von Nazaret nach Betlehem, weil sie zum Stamme Davids gehörten und der römische Statthalter eine Volkszählung befohlen hatte. Diese Geschichte wird jedes Jahr zu Weihnachten gelesen.«

»Hm«, brummte Daniel nachdenklich, »dieser Sohn Gottes ist gleichzeitig auch euer Messias? Glaubt ihr denn auch wie wir, dass der Messias das Ende der Welt ankündigt?«

»Doch«, erwiderte die Mutter. »Wenn der Messias wiederkommt, wird er das Ende der Welt ankündigen.«

»Das ist alles ganz schön kompliziert«, sagte Daniel nachdenklich. »Was Sie erzählen, ist mir irgendwie bekannt und doch wieder nicht. Wir glauben z. B. auch, dass **Meschiach** aus dem Stamme Jehudah, von dem auch König David abstammt, hervorkommen wird. Aber bisher ist er noch nicht erschienen.«

Er wusste nicht so recht, wie er seine Gedanken formulieren sollte. Das mit dem Sohn Gottes verstand er nicht. Wie konnte Gott einen Sohn haben? Er ist doch gar kein Mensch. Aber er traute sich nicht, diese Frage zu stellen. Daher sagte er: »Wir glauben, dass es einen Gott gibt, der die Welt erschaffen hat. Neben ihm gibt es keine anderen Götter. So steht es in der Torah.«

»Auch wir glauben, dass es nur einen Gott gibt«, ließ sich jetzt Mona vernehmen. Zu ihrer Mutter gewandt fragte sie: »Was haltet ihr davon, wenn wir mit dem Basteln anfangen?« Alle waren einverstanden. Das Kaffeegeschirr wurde zur Seite geräumt, um Platz für Scheren, Kleber und Bastelpapier zu schaffen. Mona zeigte Daniel, wie sie aus Goldpapier Pantoffelsterne in verschiedenen Größen herstellte. Daniel zeigte sich als gelehriger Schüler, ihm machte Basteln Spaß. Als Mona in einen besonders großen Stern eine Kerze stellte, kam ihm eine Idee.

»Eigentlich könnte ich aus diesen Sternen eine **Chanukkijah** basteln«, überlegte er laut. Er klebte neun größere Pantoffelsterne nebeneinander auf einen mit Goldpapier bezogenen Kartonstreifen. In den neunten Stern klebte er noch zwei ineinandergesetzte kleine Sterne. Zufrieden betrachtete er sein Werk. Mona hatte ihm aufmerksam zugeschaut.

»Was ist eine Chanukkijah?«, fragte sie jetzt. »Dein Großvater hat mir schon erzählt, dass ihr Chanukkahferien habt. Was ist das für ein Fest?«

»**Chanukkah** feiern wir die Wiedereinweihung des 2. Tempels in Jerusalem. 167 v. Chr. haben die Makkabäer, eine Gruppe jüdischer Widerstandskämpfer, die griechischen Besatzer verjagt. Diese hatten den Juden die Ausübung unserer Religion verboten und den Tempel durch Götzenbilder und die Opferung unreiner Tiere entweiht. Eine Legende berichtet, dass bei der Säuberung des Tempels noch ein Krug mit geheiligtem Öl gefunden wurde, mit dem die große Menorah, der Leuchter im Inneren des Tempels, entzündet werden konnte. Die Menge Öl hätte einen Tag lang gereicht, die **Menorah** brannte aber acht Tage. Zur Erinnerung an dieses Wunder und die Wiedereinweihung des Tempels feiern wir Chanukkah acht Tage lang. Jeden Tag zünden wir eine Kerze mehr an, so dass am achten Tag des Festes alle acht Kerzen der Chanukkijah brennen.«

»Das hört sich nach einer spannenden Geschichte an«, bemerkte Mona. Sie betrachtete nachdenklich Daniels Kunstwerk. »Auf deiner Chanukkijah hast du aber Platz für neun Kerzen.«

»Stimmt!«, erwiderte Daniel. »Die neunte Kerze ist der **Schamasch**, so

eine Art Diener, mit dem die übrigen Kerzen angezündet werden. Sie wird deshalb nicht gezählt, und ihr Platz ist immer etwas abgesondert von den anderen.«

»Acht Tage lang zündet ihr jeweils eine Kerze mehr«, murmelte Mona vor sich hin. »Weißt du, Daniel, ich glaube, es gibt eine Menge Ähnlichkeiten zwischen Weihnachten und Chanukkah. Die Geschichten dieser Feste sind zwar ganz unterschiedlich, aber beides sind Lichterfeste. Ihr zündet jeden Tag eine weitere Kerze auf eurer Chanukkijah, wir zünden jede Woche eine weitere Kerze auf dem Adventskranz an.«

»Es gibt noch mehr Ähnlichkeiten«, setzte Daniel Monas Gedanken fort. »Beide Feste werden im Winter gefeiert, beide haben das gleiche Datum.« Mona schaute ihn etwas verwundert an, aber Daniel erklärte, was er damit meinte. »Weihnachten fängt am 25. Dezember an und Chanukkah am 25. Kislev. Genauso wie wir alle unsere Feiertage am Vorabend beginnen, feiert ihr den Heiligen Abend am 24. Dezember.«

»Gibt es bei euch auch Geschenke?«, wollte Mona jetzt wissen.

»Chanukkah bekommen die Kinder Chanukkahgeld, manchmal auch kleine Geschenke. Aber das ist eher Nebensache. Es ist einfach schön, die Cha-

nukkahlieder gemeinsam zu singen, Kreppel, Kartoffelpuffer und andere gute Sachen, die in Öl gebacken werden, zu essen und Trendel zu spielen.«

»Trendel spielen, was ist denn das?«, wollte Mona wissen.

»Ein Trendel ist ein kleiner Kreisel, auf dem die vier hebräischen Buchstaben Nun, Gimel, Hej und Schin zu lesen sind. Es sind die Anfangsbuchstaben des Satzes: Nes gadol hajah scham. Das bedeutet: Ein großes Wunder ist dort geschehen. Damit ist das Wunder mit dem Öl gemeint, das acht Tage lang brannte. Wir spielen dieses Spiel bei uns zu Hause mit Smarties, manche spielen mit Nüssen oder mit Münzen. Jeder Buchstabe hat einen bestimmten Wert. Wenn man den Trendel dreht, muss man je nachdem, welcher Buchstabe zu sehen ist, wenn er liegen bleibt, einige Smarties in einen Topf legen oder bekommt welche davon. Es ist ein lustiges Spiel.«

Es war spät geworden. Mona und Daniel räumten noch die Bastelutensilien weg, dann verabschiedete sich Daniel. Er hatte versprochen, zum Kerzenzünden wieder bei seinen Großeltern zu sein.

Kapitel 11

Schlachmunes und die Königin Esther

Es war bereits Frühjahr geworden. Die ersten zaghaften Krokusspitzen waren überall in den Vorgärten zu sehen. Mona liebte den Frühling. Nach der trüben Winterzeit gaben ihr diese Frühlingsboten wieder Hoffnung auf mehr Sonnenschein und Wärme.

Daniel hatte ihr eine verspätete Neujahrskarte geschickt. So eine hatte sie noch nie gesehen. Ein rosa blühender Baum war darauf zu sehen, im Hintergrund eine Hügellandschaft und davor ein Mädchen und ein Junge, die Spaten in der Hand hatten und einen jungen Baum pflanzten. Mona hatte sich über diese Karte ziemlich gewundert, weil sie so gar nicht zu Neujahr passte. Auf der Rückseite stand außer den Grüßen von Daniel noch etwas gedruckt: »Neujahr der Bäume, mit bestem Dank überreicht vom **KKL**.« Damit konnte Mona auch nicht viel anfangen. Bei nächster Gelegenheit wollte sie Herrn Schwarz fragen, was es damit auf sich habe.

Die Gelegenheit ließ nicht lange auf sich warten. Mona hatte sich auf dem Rückweg von der Schule ein Faschings-heft mit Kostümvorschlägen zum Selbermachen gekauft. Eigentlich hatte sie dieses Jahr überhaupt keine Lust zum Verkleiden. Irgendwie fand sie das kindisch. Aber ihre Freundin Lisa hatte sie dazu überredet, gemeinsam auf eine Rosenmontagsparty im Jugendclub zu gehen, und so musste sie sich wohl oder übel etwas einfallen lassen, denn dort herrschte Kostümzwang. Vielleicht kam sie ja beim Blättern in dem Heft auf eine gute Idee.

Wie jeden Mittag leerte sie erst mal den Briefkasten aus, bevor sie die Wohnungstür aufschloss. Meistens gab es nur Post für ihre Eltern, Rechnungen, Reklame; reine Papierverschwendung, meinte immer ihr Vater. Aber diesmal gab es auch einen Brief für sie. Der war richtig dick und sah hochoffiziell aus. Mona riss den Umschlag schon auf dem Weg zur Wohnungstür auf. Zum Vorschein kam eine mit blauen Buchstaben bedruckte Karte. Daniels Eltern luden sie zu seiner **Bar Mizvah** in einem Monat ein. An einem Samstagvormittag sollte in der großen **Synagoge** der Torahaufruf stattfinden. Am Abend wurde zu einem Festessen eingeladen. Das hörte sich nach einer größeren Veranstaltung an. Mona war aufgeregt. Ob die Eltern ihr wohl erlauben würden, über dieses Wochenende

zu Daniel zu fahren? Und wo sollte sie da schlafen? Tausend Fragen gingen ihr durch den Kopf. Am liebsten hätte sie sofort mit ihrer Mutter telefoniert, aber die war heute nicht zu erreichen und kam erst spät von der Arbeit nach Hause. Also beschloss Mona, nach den Hausaufgaben Joel Schwarz zu besuchen und ihn auszufragen.

Channah machte ihr die Tür auf. Sie sah wieder viel besser aus als damals, nach dem Tod ihrer Schwester.

»Hallo, Mona«, begrüßte sie das Mädchen, »dich habe ich ja schon lange nicht mehr gesehen. Komm doch rein.«

Mona betrat die Wohnung. Sie war wirklich schon lange nicht mehr hier gewesen. Joel Schwarz saß in seinem großen Lieblingssessel und las in einem dicken Buch. Als Mona eintrat, blickte er sie mit zugekniffenen Augen an und sagte: »Sieh mal, meine kleine Freundin! Ich habe schon gedacht, du hast mich vergessen.«

Das klang ein bisschen vorwurfsvoll. Irgendwie haben das alle alten Leute drauf, dachte Mona. Ihre Oma verstand es auch immer hervorragend, ihr ein schlechtes Gewissen zu machen, wenn sie sich mal mehr als eine Woche lang nicht hatte bei ihr sehen lassen. Aber Joel Schwarz schmunzelte dabei und fragte: »Was gibt mir denn die Ehre deines Besuches?«

»Ich habe eine Einladungskarte zu Daniels Bar Mizvah bekommen«, antwortete Mona, »und ich wollte Sie deshalb ein paar Sachen fragen.«

»Ja, ja«, murmelte Joel Schwarz vor sich hin. »Unser kleiner Daniel wird jetzt erwachsen. Weißt du, ich bin auch schon richtig gespannt auf seine Bar Mizvah. Immerhin ist er mein erster Enkel, bei dem ich dieses wichtige Ereignis miterleben kann.«

»Ist das denn so etwas wie bei uns die Einsegnung?«, wollte Mona wissen. Sie konnte sich nicht so recht vorstellen, was diese Bar Mizvah eigentlich bedeutete.

»Ja, man könnte es wohl vergleichen«, antwortete Joel Schwarz. »Allerdings muss ich ehrlich sagen, weiß ich gar nicht so genau, wie eine Einsegnung vor sich geht. Bar Mizvah bedeutet übersetzt ›Sohn der Pflicht‹. Mit 13 Jahren ist ein Junge reif genug, im religiösen Sinne als Erwachsener zu gelten. Das bedeutet für ihn, dass er in der Gemeinschaft die Rechte der Erwachsenen erhält, aber auch Pflichten übernehmen muss. Von seiner Bar Mizvah an ist jeder Jude für seine Taten selbst verantwortlich. Deshalb spricht der Vater an diesem Tag eine **Brachah**, in der er dem Ewigen dafür dankt, dass er

ihm die Verantwortung für die Sünden seines Sohnes abgenommen hat.«

»Was für Pflichten sind das denn?«, wollte Mona wissen.

»Es gibt im Judentum 613 **Mizvot**, davon sind 365 Verbote – nach der Zahl der Tage eines Jahres – und 248 Gebote – nach der Anzahl der Glieder des menschlichen Körpers. Einige dieser Mizvot können wir heute nicht mehr einhalten, weil sie sich auf Pflichten gegenüber dem Tempel in Jerusalem beziehen, der aber vor knapp 2000 Jahren durch die Römer zerstört wurde.«

»Das hört sich aber trotzdem ganz schön anstrengend an, 613 Ge- und Verbote einhalten zu müssen«, stöhnte Mona und verzog dabei das Gesicht.

Joel Schwarz lachte. »Na ja, es ist eben nicht einfach, Jude zu sein. Aber mal Spaß beiseite; wahrscheinlich hast du einfach noch nie genau nachgerechnet, was du alles nicht tun darfst und was du eigentlich tun solltest. Du weißt z. B., dass du nicht morden, nicht stehlen, nicht lügen darfst. Das sind Verbote. Du sollst deine Eltern ehren und tun, was sie von dir verlangen, den Armen und Kranken helfen, Rücksicht auf Schwächere nehmen und so fort; das sind Gebote.«

»Das erinnert mich an die Zehn Gebote«, sagte Mona nachdenklich.

»Stimmt«, erwiderte Joel Schwarz. »Die Zehn Gebote könnte man etwa als Zusammenfassungen oder Überschriften aller Mizvot bezeichnen. Sie wurden im Laufe der Entstehung der Torah noch ausgeführt. Z. B. gehören dazu auch unsere Speisevorschriften, wie Männer und Frauen sich zueinander zu verhalten haben, oder wie viel seines Verdienstes man für wohltätige Zwecke spenden soll. Nicht jeder kann immer alle Mizvot halten. Wer z. B. keine Tiere hält, kann sich den Tieren gegenüber nicht verantwortungsvoll und respektvoll verhalten; wer nicht verheiratet ist, kann die Pflichten eines Ehemannes oder einer Ehefrau nicht erfüllen; wer keine Kinder hat, kann den Erziehungspflichten nicht nachkommen, und wer noch kein Geld verdient, kann auch nicht spenden.«

»Und was muss Daniel machen, wenn er seine Bar Mizwah hat?«, wollte Mona nun wissen.

»In der Woche vor seiner Bar Mizvah wird er mit seinem Vater morgens in die Synagoge gehen und dort das erste Mal die **Tfillin** anlegen. Das sind Gebetsriemen, die um die Stirn und um die rechte Hand gebunden werden. In einer Kapsel, die direkt auf der Stirn liegt, befindet sich ein Pergament mit dem **Schma Israel** und einigen Absätzen aus der Torah. Das Schma ist

unser Glaubensbekenntnis. Es bedeutet übersetzt: ›Höre Israel, der Herr ist unser Gott, der Herr ist einzig.‹ Wir sagen es jeden Tag zweimal. Tfillin legen ist eine der Mizvot, die jeder Jude halten soll. Am Schabbat nach seinem Geburtstag wird Daniel das erste Mal während der Gebetsordnung zur Torahlesung aufgerufen. Ich glaube, ich habe dir schon einmal erzählt, dass wir an jedem Schabbat einen Abschnitt aus der Torah lesen. Es ist eine besondere Ehre, zur Torahlesung aufgerufen zu werden. Daniel lernt schon seit einiger Zeit, seinen Abschnitt zu lesen und vorzutragen. Das wird nach einer ganz bestimmten Melodie gemacht, die schon seit mehr als tausend Jahren überliefert ist. Außerdem liest er noch einen Abschnitt aus den Propheten, und dann muss er eine Rede vor der Gemeinde halten, in der er den Inhalt des Wochenabschnitts erklärt. Danach ist er Bar Mizvah, ein vollwertiges Mitglied der Gemeinde.«

»Puh«, entfuhr es Mona. »Das hört sich ja richtig nach Arbeit an.«

»Ja, das ist richtige Arbeit, sich auf die Bar Mizvah vorzubereiten. Es ist eben gar nicht so einfach, erwachsen zu werden.« Joel Schwarz lächelte vor sich hin. »Weißt du, als ich Bar Mizvah gehabt habe, ist es mir gar nicht so vorgekommen. Ich habe schon mit drei Jahren angefangen, im **Cheder** Torah zu lernen. Wir kannten alle Wochenabschnitte auswendig. Zu unserer Bar Mizvah mussten wir das gar nicht besonders lernen. Wir haben einfach die Ehre genossen, an diesem besonderen Tag im Mittelpunkt der Gemeinde zu stehen. Die Jungs heute haben es da viel schwerer, weil sie später mit dem Lernen anfangen. Deshalb macht es ihnen viel mehr Mühe. Aber dafür werden heute meistens größere Feste gefeiert zu Ehren des Bar Mizvah-Jungen als zu meiner Zeit, und sie bekommen auch viel mehr Geschenke.«

»Jetzt bin ich richtig gespannt, wie diese Bar Mizvah vor sich geht. Daniel muss ganz schön aufgeregt sein.« Mona schwieg eine Weile, dann sagte sie: »Ich weiß nur noch nicht, wie ich dorthin kommen soll. Ich bin noch nie in dieser Stadt gewesen.«

»Wenn deine Eltern es dir erlauben, kannst du ja mit uns fahren. Wir werden am Freitagmittag in den Zug steigen. Du kannst wohl bei Daniels Familie übernachten. Nur am Sonntag müsstest du dann ohne uns zurückfahren, denn wir wollen noch einige Tage mit unserer Familie verbringen.«

»Danke für das Angebot«, entfuhr es Mona erleichtert. Ihr fiel ein Stein vom Herzen. Um diese Dinge musste sie sich also nicht mehr kümmern.

Es klingelte an der Tür. Neugierig hob Mona den Kopf. Sie hörte Kinderstimmen und Channah, die mit jemandem sprach. Nach kurzer Zeit betrat sie mit zwei Kindern das Wohnzimmer. Die beiden waren kostümiert, als würden sie zu einer Faschingsparty gehen. In den Händen hielten sie Körbchen, aus denen Gebäck, Süßigkeiten und eine kleine Flasche herausragten.

»Schau mal, Joel«, rief Channah ganz begeistert, »die zwei bringen uns **Schlachmunes!**«

»Das ist aber eine wunderschöne Überraschung«, rief Joel Schwarz aus und stand auf, um die Geschenke entgegenzunehmen. »Wie kommen wir denn zu dieser Ehre?«

»Ach, die haben wir in der Schule gebacken«, antwortete jetzt eines der Mädchen, »und jetzt gehen wir von Haus zu Haus und verteilen sie.«

»Das ist ein wunderschöner alter Brauch«, erwiderte Joel Schwarz anerkennend. »Channah, haben wir vielleicht irgendetwas, das wir diesen Purimkindern geben könnten?«

Channah verschwand in der Küche und kam nach einiger Zeit mit zwei Tafeln Schokolade und einer Tüte Weintrauben an, die sie den beiden Kindern gab. Die bedankten sich und verließen mit einem »**Purim sameach**« die Wohnung.

»Purim sameach«, rief ihnen Joel Schwarz hinterher.

Mona schaute ihn fragend an. »Was war denn das?«, entfuhr es ihr.

Joel lachte. »Es ist ein alter schöner Brauch, zu **Purim** Freunden, Bekann-

ten und armen Nachbarn etwas zu essen und zu trinken zu schicken, damit jeder die Möglichkeit hat, sich an diesem ausgelassenen Fest richtig mitzufreuen. Meistens werden Kinder damit beauftragt, die Schlachmunes – so heißen diese Geschenke in Jiddisch – zu überbringen.«

»Und was wird bei diesem Fest gefeiert?«, wollte Mona wissen. »Irgendwie sahen die beiden aus, als würden sie Fasching feiern.«

»Du hast Recht, Purim ist ein sehr ausgelassenes Fest, bei dem wir uns genauso verkleiden wie ihr zu Fasching. Es wird einen Monat vor dem Pessachfest gefeiert, also etwa so, wie ihr Fasching immer vor Ostern feiert. Aber es hat eine ganz andere Bedeutung. Es geht auf eine Begebenheit in Persien, dem heutigen Iran, zurück. Damals, vor etwa 2500 Jahren, lebten sehr viele Juden in diesem Land. Sein früherer Herrscher, Nebukadnezar, hatte Israel im Kampf besiegt, den ersten Tempel in Jerusalem zerstört und die Juden nach Babylon – so hieß dieses Land zu seiner Zeit – ins Exil verschleppt. Die Purimgeschichte handelt von einer Zeit, in der ein Nachfolger Nebukadnezars, der König Ahaschverosch, über Persien herrschte. Sein oberster Minister hieß Haman. Er hasste die Juden und wollte sie vernichten. Deshalb de-

nunzierte er sie beim König als dessen Feinde, die ihm und Persien schaden wollen, und veranlasste im ganzen persischen Reich, an einem bestimmten Tag alle Juden umzubringen. Diesen Tag wählte er durch Los. Das Fest ist danach benannt, denn das Wort ›Pur‹ bedeutet Los. Nun hatte der König eine sehr schöne und kluge Frau namens Esther, eine Jüdin. Als sie von der Gefahr für ihr Volk hörte, dachte sie sich wiederum eine List aus, wie sie den König um Hilfe bitten und Haman entlarven konnte. Es gelang ihr mit viel Geschick und Mut. Die Geschichte endete damit, dass Haman gehängt wurde und das jüdische Volk durch den Einsatz der Königin Esther gerettet war. Zur Erinnerung an diese Errettung feiern wir jedes Jahr Purim. Die Kinder verkleiden sich, häufig wird die Geschichte der Königin Esther nachgespielt und in der Synagoge wird jedes Jahr die **Megilat Esther**, die Schriftrolle, in der diese Geschichte überliefert ist, vorgelesen. Es wird gesungen, getanzt, sich verkleidet und gegessen und getrunken. Es ist das einzige Fest im Judentum, bei dem es Sitte ist, sich zu betrinken und Glücksspiele zu spielen.«

Mona hatte aufmerksam zugehört. Die Geschichte, die Joel Schwarz ihr da erzählte, hörte sich ein bisschen nach

einem Märchen an. »Ist denn diese Geschichte wirklich passiert?«, wollte sie deshalb von dem alten Herrn wissen.

»Sicher«, antwortete ihr dieser. »Der persische König Ahaschverosch und seine Frau Esther haben wirklich gelebt, genauso wie König David, Boas und Ruth oder die Makkabäer wirklich existiert haben. Sie haben in unseren Geschichtsbüchern nur manchmal andere Namen. Ahaschverosch z. B. ist hier besser unter seinem griechischen Namen Xerxes bekannt, der zwischen 485 und 465 v. Chr. in Persien regierte. Der Tenach ist eben auch ein Geschichtsbuch, nicht ein Geschichten- oder Märchenbuch. Auch die Megilat Esther gehört dazu. Du findest sie in deiner Bibel im letzten Teil des Alten Testaments als Buch Esther.«

Mona nahm sich vor, zu Hause doch mal in ihre Bibel zu schauen. Sie hatte sich eigentlich nie vorgestellt, dass diese Figuren, von denen dort die Rede ist, wirklich gelebt hatten. Als sie ihre Sachen zusammenkramte und sich verabschieden wollte, entdeckte sie die zweite Karte, die Daniel ihr als Neujahrsgruß geschickt hatte. Etwas unentschlossen drehte sie sie in ihren Händen.

»Was hast du denn da noch für eine Karte?«, fragte Joel Schwarz neugierig.

»Die hat Daniel mir zu Neujahr geschickt«, antwortete Mona. »Ich habe sie eigentlich nur mitgebracht, weil das Bild irgendwie gar nicht zu Neujahr passt. Außerdem steht hinten etwas drauf, was ich nicht verstehe.« Sie schaute Joel Schwarz unschlüssig an. »Ich wusste gar nicht, dass Bäume auch Neujahr feiern.«

»Ach so«, lachte der alte Herr jetzt. »Daniel hat dir zu Neujahr eine **Tu B'Schwat**-Karte geschickt. Kein Wunder, dass du damit nichts anfangen kannst.«

»Und was ist das, dieses Tu B'Schwat?«, wollte Mona wissen.

»Dieses Fest stammt auch schon aus den Zeiten der Torah. Der Ewige, gelobt sei er, hat uns befohlen, die Natur nicht nur zu nutzen, sondern auch zu pflegen und zu beschützen. Wenn nach dem Winter die Erde mit Wasser getränkt ist und die Nachtfröste in den Bergen Jerusalems aufhören, fangen die Bäume an auszuschlagen. Der Frühling beginnt. In dieser Zeit erneuert sich die Natur. Die Mandelbäume um Jerusalem herum beginnen zu blühen. So wurde der 15. **Schwat** als Datum für das Neujahrsfest der Bäume festgelegt. An diesem Tag werden in Israel viele junge Bäume gepflanzt, die Wälder und Orangenhaine nach dem Winter wieder in Ordnung gebracht und dem Ewigen gedankt, dass ein

neues Pflanzjahr beginnt. Genau das ist auch auf dem Bild auf der Vorderseite dieser Karte abgebildet. Sie ist vom KKL, dem Keren Kajemet Le-Israel, einer Organisation, die in Israel viel Land erworben hat und dort Wälder und Parks anlegt und pflegt, damit das Land nicht verkarstet und das Grundwasser und die fruchtbaren Erdschichten durch die Baumpflanzungen erhalten werden. In der **Galut**, also außerhalb Israels, werden zu Tu B'Schwat immer große Spendenaktionen durchgeführt. Mit diesem Geld werden in Israel die Wälder erhalten. Schau mal, ich habe hier auch so eine Sammelbüchse vom KKL. Da geben wir immer etwas Geld hinein. Zu Tu B'Schwat schicken wir ihren Inhalt dann dem KKL und der pflanzt damit neue Bäume oder pflegt die Wälder.«

»Das hört sich ja wie ein Naturschutzprogramm an«, staunte Mona. »Und das steht schon in der Bibel?«

»Ja, natürlich«, lachte Joel Schwarz. »Naturschutz ist keine Erfindung der Neuzeit. Der Ewige hat wohl schon bei der Schöpfung gewusst, dass der Mensch dazu gezwungen werden muss, die Welt nicht nur auszunutzen, sondern auch zu pflegen und zu erhalten. Deshalb befahl er uns wohl auch dieses Fest.«

Mona nahm nachdenklich die Karte an sich und verabschiedete sich dankend von den beiden alten Leuten. Tausend Gedanken schwirrten ihr durch den Kopf. Ob es im Christentum auch ein Fest zum Naturschutz gab? Sie dachte angestrengt darüber nach und beschloss, am Abend ihre Mutter danach zu fragen.

Kapitel 12

Ein anstrengendes Wochenende

Es war später Nachmittag, als Mona, Channah und Joel Schwarz endlich am Ziel waren. Schon nach kurzem Suchen entdeckten sie Daniel, der winkend auf sie zulief. Mona stellte sofort fest, dass er seine Haare geschnitten hatte, unter seiner Baseballkappe lugten viel weniger Locken hervor als beim letzten Mal. Sein Vater und er halfen ihnen mit ihrem Gepäck. Mona hatte ja nur eine kleine Reisetasche dabei, aber Channah und Joel Schwarz schleppten einen großen Koffer. Sie hatten sich wohl doch für einen längeren Aufenthalt vorbereitet.

Zum Glück mussten sie nicht lange bis zu Daniels Wohnung fahren. Die lag in einem Stadtviertel mit lauter schönen, alten Häusern, die Mona ein wenig höher vorkamen als bei ihr zu Hause. Dort angekommen, wurden sie von der Mutter begrüßt.

»Herzlich willkommen«, rief sie ihnen schon an der Tür entgegen. »Schön, dass ihr es so zeitig geschafft habt.« Sie umarmte ihre Eltern und gab auch Mona einen Kuss. »Ich freue mich, dass du mit uns diesen Freudentag begehst. Fühle dich bei uns wie zu Hau-

se. Mira wird dir nachher ihr Zimmer zeigen. Dort hat sie schon einen Platz für dich hergerichtet. Ihr werdet euch sicher gut verstehen. Aber jetzt kommt erst einmal ins Wohnzimmer. Ich habe Tee und Kaffee für euch vorbereitet. Nach der langen Fahrt könnt ihr sicher eine Erfrischung gebrauchen. Später könnt ihr euch dann duschen und umziehen. In eineinhalb Stunden brechen wir zur Synagoge auf.«

Mona war etwas erstaunt. Auf der Einladung hatte doch gestanden, dass der Torahaufruf am Samstag sein würde. Aber sie machte sich keine großen Gedanken, sondern beschloss, einfach mit den anderen mitzumachen. Im Wohnzimmer stand ein riesiger Tisch, da passten bestimmt 20 Leute dran. Er war festlich gedeckt, mit weißer Tischdecke und schönem Geschirr. In der Mitte standen zwei große, silberne Kerzenleuchter. In einer Couchecke waren Kaffee, Gebäck und kalte Getränke vorbereitet worden. Dort hatten es sich Channah und Joel Schwarz schon gemütlich gemacht. Auch Mona setzte sich dazu und trank gleich zwei Gläser kalte Limo. Danach fühlte sie sich schon viel besser. Die Fahrt im Zug war doch ganz schön anstrengend gewesen.

Lange blieb sie dort nicht sitzen. Die Erwachsenen waren mit sich beschäf-

tigt und so ging sie mit Mira und Daniel in die Kinderzimmer. Daniel war viel ruhiger als sonst, sagte kaum ein Wort und sah ein bisschen abwesend aus.

»Bist du aufgeregt?«, fragte ihn Mona.

»Na ja, schon«, brachte Daniel sehr langgezogen hervor. »Aber heute Abend ist es noch gemütlich. Wir feiern einfach **Kabbalat Schabbat**, die Begrüßung des Schabbats.«

Viel Zeit blieb aber nicht zum Reden. Nachdem Mona sich geduscht und umgezogen hatte, bereiteten sich alle für den Gang zur Synagoge vor. Vorher versammelte sich die Familie noch einmal im Wohnzimmer. Daniels Mutter hatte sich ein dünnes Tuch auf den Kopf gelegt. Jetzt zündete sie die beiden Kerzen auf der Mitte des Tisches an, hielt ihre Hände über die Flammen und sprach ein Gebet, das von den Anwesenden mit »Amen« beantwortet wurde. Danach machten sich alle auf den Weg.

Mona wunderte sich ein wenig darüber, dass brennende Kerzen unbeaufsichtigt gelassen wurden. Zu Hause hatte man ihr immer verboten, Kerzen brennend in der Wohnung allein zu lassen. Auf dem Weg durch die von der Abendsonne wunderbar warm angestrahlten Straßen fragte sie deshalb Channah: »Warum zündet ihr die Tischkerzen denn nicht erst direkt vor dem Essen? So alleine in der leeren Wohnung, ist das nicht gefährlich?«

»Du hast schon Recht. Ein bisschen gefährlich ist es schon. Aber die Kerzen stehen auf einem Tablett. Sollten sie wirklich umfallen, so könnten sie keinen Schaden anrichten.«

»Und warum zündet ihr die Kerzen nicht, wenn ihr aus der Synagoge zurückkommt?«

»Die Schabbatkerzen müssen vor Beginn des Schabbats von jeder Frau gezündet werden«, antwortete Channah, »und zwar spätestens eine halbe Stunde vor Sonnenuntergang. Dies gehört zu den Pflichten der Frauen. Mit dem Zünden und Segnen der Kerzen beginnt der Schabbat. Danach wird nicht mehr gearbeitet. Wenn wir aus der Synagoge zurückkommen, hat der Schabbat schon lange begonnen.«

Sie waren an der Synagoge angekommen, einem großen Sandsteinbau mit schmalen, bunten Glasfenstern an der Seite und einer großen Kuppel. Durch ein Gittertor betraten sie die Innenräume. In dem großen Vorraum trennten sich ihre Wege. Die Männer gingen nach rechts und Mona wurde von Mira nach links gezogen, wo sie den anderen Frauen hinterherliefen.

Sie gelangten in einen Betraum, der hell erleuchtet und mit vielen gold-

bemalten Ornamenten verziert war. Er wurde durch ein hölzernes Gitter unterteilt. Auf beiden Seiten standen schmale Tische und Holzstühle, auf denen die Besucher Platz nahmen, die Männer auf der einen Seite des Holzgitters, die Frauen auf der anderen. Ein Mann stand an einem Pult neben einem großen, reich bestickten Vorhang. Er schien der Vorbeter zu sein, denn er betete fast die ganze Zeit laut in einer Mona fremd klingenden Melodie, während die Gemeinde in Abständen einige Worte laut mitbetete. Ab und zu wurden Lieder oder Gebete von allen gesungen. Mona verstand kein Wort von all dem. Auch die Gebetbücher, die die Frauen neben ihr aufgeschlagen hatten, konnte sie nicht lesen. Sie waren in Hebräisch geschrieben, und Mona wunderte sich am Anfang, dass von rechts nach links gelesen wurde, bis ihr einfiel, dass Joel Schwarz ihr ganz am Anfang einmal erklärt hatte, dass diese Sprache so geschrieben wurde.

Bei einem Lied standen am Ende alle auf, drehten sich um und verbeugten sich. Mona war das etwas peinlich, weil sie gar nicht wusste, was hier passierte und was sie machen sollte. Sie stubste Channah am Ellbogen an und flüsterte: »Darf ich etwas fragen?«

»Sicher, Mona«, antwortete Channah

leise, »frage ruhig. Das ist bestimmt alles ganz schön fremd für dich.«

»Warum sind denn alle gerade bei dem Lied aufgestanden, haben sich umgedreht und verbeugt?«

»Dieses Lied, das wir gerade gesungen haben, ist das Begrüßungslied für den Schabbat. Schau mal durch die Fenster. Vorhin haben sie noch hellblau geschimmert, jetzt sind sie ganz dunkel. Die Sonne ist untergegangen. Wir beten in Richtung Osten, in Richtung Jerusalem, wo der Tempel stand. Wenn der Schabbat beginnt, begrüßen wir ihn mit einer Verbeugung in Richtung Sonnenuntergang, also Westen, mit diesem Lied, dem Lecha Dodi. Deshalb drehen wir uns um.«

Am Ende des Gottesdienstes gingen die Frauen an dem Gitter vorbei in den Teil der Männer. Daniel stand an einem Tisch mit einem silbernen Becher voll Wein in der Hand. Er sprach laut den Schabbatsegen über den Wein. Danach verabschiedeten sich alle voneinander, riefen sich gegenseitig **»Schabbat Schalom«** zu und gingen nach Hause.

Dort duftete es bereits nach Essen. Mona wusste nicht so genau, wie Daniels Mutter das angestellt hatte, denn sie war doch mit in der Synagoge gewesen und konnte also in der Zwischenzeit gar nicht gekocht haben. Nach

dem Händewaschen versammelten sich alle um den Tisch. Neben den munter brennenden Schabbatkerzen stand dort ein silberner Becher, den Daniels Vater mit Wein gefüllt hatte, und auf einer Platte lagen zwei Mohnzöpfe, die mit einem bestickten Tuch bedeckt waren. Da auch einige Onkel und Tanten von Daniel mit ihren Kindern gekommen waren, hatte sich eine recht große Gesellschaft eingefunden. Stehend wurde ein Lied gesungen. Dann gab Daniels Vater Joel Schwarz den Weinbecher und der sprach den Segen, den Daniel zuvor in der Synagoge gesprochen hatte.

Nachdem er einen Schluck Wein getrunken hatte, wurde der Becher herumgereicht. Jeder nippte an dem Wein, sogar der kleine Schlojmi trank den letzten Tropfen und leckte sich dann die Lippen. Der Wein war sehr süß. Nach dem Händewaschen sagte Daniels Vater: »Heute darfst du die **Brachah** über die **Challot** sprechen«, und reichte ihm ein silbernes Messer.

Daniel zog das Tuch von den beiden Mohnzöpfen, sprach den Segen über das Brot und schnitt ein Stück ab. Er streute etwas Salz darauf und aß davon. Danach schnitt er auch das restliche Brot auf und verteilte es. Mona beobachtete, wie jeder am Tisch ein Stück Challah nahm, es wie Daniel mit Salz bestreute und davon aß, und so machte sie es wie alle anderen. Erst jetzt bemerkte sie, dass bisher niemand gesprochen hatte. Aber nun wurde es lebhaft am Tisch, Vorspeisen wurden aufgetragen und alle redeten durcheinander.

Mona erinnerte sich an die Geschichte vom Turmbau zu Babel. Hier wurden mindestens drei Sprachen am Tisch gesprochen. Der Bruder von Daniels Vater mit seiner Familie kam aus Israel. Sie sprachen Hebräisch untereinander. Die Familie aus London sprach Englisch, die Schwester von Daniels Mutter konnte auch Deutsch und so wurde munter durcheinander geredet und sich gegenseitig übersetzt.

Mona nutzte die Gelegenheit, um Channah, die neben ihr saß, etwas zu fragen: »Gibt es eigentlich einen besonderen Grund, warum die Brote mit einem Tuch bedeckt werden?«

»Das ist eigentlich nur ein Brauch«, antwortete Channah. »An Wochentagen wird der Segen immer erst über das Brot und dann über den Wein gesprochen. Aber am Schabbat segnen wir mit dem Wein zusammen auch den Schabbat. Deshalb wird an diesem Tag und an Feiertagen die Reihenfolge geändert. Damit sich die beiden Challot nicht beleidigen, werden sie zugedeckt.«

»Sind es denn immer zwei?«, wollte Mona jetzt wissen.

»An Wochentagen nicht. Aber an Schabbat und Feiertagen legen wir immer zwei Challot auf den Tisch. Das hat auch einen Grund. Als der Ewige uns aus Ägypten führte und im Sinai **Man** schickte, damit die Israeliten in der Wüste nicht verhungerten, da befahl er, das Volk Israel solle am Freitag die doppelte Menge Man oder Mana, wie du es nennst, sammeln, denn am Schabbat war es verboten zu arbeiten, also auch auf die Felder zu gehen. Am siebten Tag fanden die Israeliten auch wirklich kein Man in der Wüste. Deshalb liegen am Schabbat immer zwei Challot auf dem Tisch.«

Das Essen ging weiter und Mona hatte bereits nach der Suppe das Gefühl, als ob sie platze, aber dann wurde erst richtig aufgetragen. Nach dem Hauptgericht gab es noch Obst, Kuchen und Tee und dann verteilte Daniel kleine Heftchen. Die ganze Gesellschaft fing an, Lieder zu singen. Es hörte sich schön an, manche wurden sogar zweistimmig gesungen.

Daniels Mutter gab Mona ein Heft, in dem neben den hebräischen Texten auch die deutsche Übersetzung stand. »Wir singen jetzt Schabbatlieder und zum Schluss sagen wir das Tischgebet. Wenn es dich interessiert, kannst du dir hier die Übersetzungen ansehen. So weißt du wenigstens, was wir singen.«

Mona blätterte in dem Heft. Sie fand die Übersetzung des Schabbatsegens und der Gebete, die am Anfang über Brot und Wein gesprochen wurden. Unten auf jeder Seite waren Erklärungen zu den Gebeten und Quellenangaben. Dort stand, dass die Texte aus der Torah, also den fünf Büchern Mose, stammten, aber Mona verstand die Angaben nicht. Nachdem das Tischgebet gesprochen war und sich wieder alle unterhielten, fragte sie Joel Schwarz: »Hier steht, dass dieser Text z. B. aus der Torah stammt. Er erinnert mich an die Schöpfungsgeschichte, aber als Quelle steht hier nicht Genesis, sondern Bereschit. Was ist das?«

»Das ist der hebräische Name für das erste Buch Moses.« Er stand auf, nahm aus dem Schrank ein Buch mit der Aufschrift »Die Heilige Schrift« und schlug es auf. »Sieh mal, wir haben unsere eigenen Namen für die verschiedenen Abschnitte der Bibel. In hebräisch heißen die fünf Bücher Moses **Bereschit, Schemot, Vajikra, Bamidbar, Dewarim**. Du kennst sie unter den lateinischen bzw. griechischen Namen Genesis, Exodus, Leviticus, Numeri und Deuteronomium. Aber nicht alle Texte, die wir heute gesungen haben, sind aus der Torah.

Manche Lieder wurden im Mittelalter von berühmten Rabbinern zur Lobpreisung des Schabbats geschrieben, viele Texte kommen aus dem Buch der Psalmen, stammen also von König David. Du findest sie hier hinten, im letzten Teil der Bibel, den Ketuwim oder Hagiographen, wie es in griechisch heißt.«

Der Abend neigte sich seinem Ende. Es wurde noch gemeinsam aufgeräumt und dann gingen alle schlafen.

Am nächsten Morgen wurde früh aufgestanden. Alle waren feierlich angezogen. Daniel hatte einen Anzug an, schien sich aber nicht gerade sehr wohl darin zu fühlen. Mona merkte, dass er sehr aufgeregt war. In der Synagoge gingen sie diesmal nicht in den kleinen Betsaal, in dem sie Freitagabend waren, sondern in einen großen, hohen Raum, der Mona schon eher an ihre Kirche erinnerte. In der Mitte hing aus einer riesigen Kuppel ein großer Kristalllüster herunter. Auch dieser Raum war mit goldenen Ornamenten und vielen Schriftbändern geschmückt. Mona stellte fest, dass es überhaupt keine Bilder gab. An der Kopfseite des Raumes war ein Podest, auf dem in der Mitte genauso ein Vorhang angebracht war wie in dem Betraum gestern Abend. Links und rechts davon standen Bänke mit Lesepulten. In einer davon saß der Rabbiner. Die Wand war mit Mosaiksteinen in verschiedenen Blautönen verziert. In der Mitte des Raumes war ein großer Tisch. Er ähnelte einem Altar. Um ihn herum standen mehrere Männer, von denen einer der Vorbeter zu sein schien. Er betete und sang, und ab und zu antwortete die Gemeinde.

Daniel, sein Vater, Joel Schwarz und die anderen Männer der Familie hatten ganz vorne in einer Holzbank Platz genommen. Sie trugen schwarzweiß oder blauweiß gestreifte Gebetsschals um die Schultern. Mona bemerkte, dass im unteren Teil des Raumes nur Männer saßen, während auf dem Balkon, auf dem sie sich mit den Frauen von Daniels Familie befand, nur Frauen waren. Nur die Kinder liefen überall herum. Die Atmosphäre war ganz anders als in der Kirche. Mona hatte den Eindruck, dass eigentlich jeder für sich betete, obwohl zwischendurch alle dem Vorbeter antworteten und an manchen Stellen die Gläubigen aufstanden und gemeinsam ein Gebet sprachen. Aber Mona sah auch viele Menschen, die sich angeregt unterhielten, und so wagte sie, Channah anzusprechen.

»Betet ihr nicht alle gemeinsam?«, fragte sie vorsichtig.

»Eigentlich schon«, antwortete Channah. »Es gibt einen bestimmten Gebetszyklus, aber jeder betet in einer anderen Geschwindigkeit. Deshalb sieht es so aus, als würde jeder für sich beten. Wer mit einem bestimmten Abschnitt fertig ist, wartet auf die anderen. In der Zwischenzeit unterhält man sich mit einem Nachbarn oder begrüßt einen Bekannten. Die Synagoge ist nicht nur ein Platz, an dem gebetet wird. Das können wir überall. Das hebräische Wort für Synagoge ist Beit Haknesset, das Haus der Versammlung. Viele Menschen kommen am Schabbat hierher, um andere zu treffen, sich mit ihnen zu unterhalten und ein bisschen zu beten.«

»Und warum beten Männer und Frauen getrennt?«, wollte Mona wissen. »Mir ist das gestern Abend schon aufgefallen.«

»Bei uns haben Männer und Frauen unterschiedliche Pflichten. Im Gottesdienst z. B. spielen die Frauen überhaupt keine Rolle. Wir müssen nicht am Schabbat aus der Torah lesen, wir müssen bestimmte Gebete nicht verrichten, sind an viele Zeiten nicht gebunden. Dafür haben wir andere Aufgaben. Deshalb ist es Brauch, dass die Frauen von den Männern getrennt sitzen. Aber es gibt auch reformierte Synagogen, in denen das nicht so ist.«

Mona bemerkte, dass Daniel mit seinem Vater und einem anderen Mann die Treppen zum Podest emporstieg. Sie hielten vor dem großen Vorhang, Daniel zog ihn auf und öffnete eine dahinter verborgene Tür.

»Was ist denn das?« Mona schaute Channah fragend an.

»Das ist der **Aharon Hakodesch**, der heilige Schrein. Dort werden die Torahrollen aufbewahrt.«

Der Mann nahm eine der Rollen heraus, die in einen Stoffmantel gehüllt waren, und brachte sie zu dem großen Tisch in der Mitte des Raumes. Dort entfernte jemand zunächst die silbernen Kronen und den Mantel. Dann wurde die Torah auf den Tisch gelegt. Mona konnte jetzt erkennen, dass es sich wirklich um eine riesige Schriftrolle handelte. Daniel, sein Vater, Joel Schwarz und einige andere Männer standen um den Tisch.

»Jetzt kommt Daniels große Stunde«, wisperte Mira Mona ins Ohr. »Gleich muss er seinen Abschnitt aus der Torah lesen.«

»Was machen die Männer da unten?«, wollte Mona wissen.

»Sie lesen abwechselnd den heutigen Wochenabschnitt. Jeder Abschnitt in der Torah ist in sieben Teile geteilt. Da es eine Pflicht, aber auch eine besondere Ehre ist, aus der Torah zu lesen, sol-

len möglichst viele daran teilhaben. Vor und nach jedem Abschnitt werden besondere Brachot gesprochen. Schau, jetzt ist Daniel dran.«

Mona beugte sich nach vorne, um besser sehen zu können. Daniel stand vor der auseinandergezogenen Torahrolle. Er hatte einen silbernen Stab in der Hand, mit dem er die Zeilen entlangglitt. Mit lauter Stimme trug er in einer bestimmten Melodie den Text seines Abschnittes vor. Es war ganz still geworden. Nach einer Weile rollten die Männer neben ihm die Torah zusammen. Ein Tuch wurde darüber gelegt und Daniel sprach den Segen. Dann begannen einige Männer damit, die Schriftrolle wieder in ihren Mantel zu hüllen. Noch einmal trug Daniel etwas vor.

»Jetzt liest er noch einen Abschnitt aus den Propheten«, erklärte Channah das Geschehen.

»Daniel musste wirklich ganz schön viel für seine Bar Mizvah lernen«, stellte Mona fest. Sie verstand jetzt, warum er so aufgeregt war und eigentlich kaum Zeit für sie gehabt hatte.

»Machen Mädchen auch so eine Bar Mizvah?«, fragte sie Channah.

»Nein, Mona, Frauen müssen nicht aus der Torah lesen, deshalb gibt es für Mädchen auch nicht diese Zeremonie. Wenn Mädchen mit zwölf Jahren **Bat**

Mizvah werden, zünden sie die Schabbatkerzen und in manchen Gemeinden halten sie auch eine Rede zum Wochenabschnitt oder zu den Pflichten einer jüdischen Frau. Häufig wird dann auch ein großes Fest gefeiert.«

»Komm mit«, forderte Mira sie jetzt auf. »Gleich gibt es unten etwas zum Naschen.«

Damit zog Daniels Schwester Mona mit nach unten zu den Männern. Dort hatten sich schon alle Kinder um das Lesepult versammelt. Als Daniel mit seinem Vortrag fertig war, gratulierten ihm alle. Von der Frauenempore prasselten Bonbons auf sie nieder und die umstehenden Kinder, aber auch einige Erwachsene sammelten sie auf und steckten sie genüsslich in den Mund.

»Macht ihr das jeden Schabbat?«, wollte Mona von Joel Schwarz wissen, der immer noch neben Daniel stand und ihn an sich drückte.

»Nein, Bonbons werden nur bei einer Bar Mizvah geworfen. Die Frauen beglückwünschen damit das neue vollwertige Mitglied unserer Gemeinde und wünschen ihm ein süßes, sorgloses Leben.«

»Herzlichen Glückwunsch«, sagte Mona und schüttelte Daniel die Hand. Der konzentrierte sich aber schon wieder auf seine nächste Aufgabe. Vor der Gemeinde hielt er eine Rede über den

Inhalt des Wochenabschnitts. Mona fand es ganz schön mutig, vor so vielen Menschen zu sprechen.

Nach dem Gottesdienst versammelten sich alle in einem Nebenraum zum Essen. Auch hier wurde gebetet und gesungen, wie sie es am Abend zuvor bei Daniels Familie zu Hause erlebt hatte.

Am Nachmittag war Ausruhen angesagt. Daniel war so erschöpft, dass er fast zwei Stunden schlief. Mona vertrieb sich die Zeit mit Mira, die eine ganze Menge Gesellschaftsspiele zur Auswahl hatte. Als es draußen ganz dunkel war, stellte Daniels Mutter eine aus mehreren Dochten geflochtene Kerze auf den Tisch, einen Becher mit Wein sowie eine kleine silberne Dose. Daniels Vater entzündete die Kerze, sprach ein Gebet und trank von dem Wein. Dann löschte er sie und die Familie sang ein Lied, in dem sie sich gegenseitig eine gute Woche wünschten. Die kleine Dose wurde geöffnet und herumgereicht. Der Duft verschiedener Gewürze wie Nelken und Zimt verteilte sich im Zimmer.

»Jetzt ist der Schabbat vorbei«, sagte Joel Schwarz, während Daniels Vater das Licht anschaltete. »Was du soeben miterlebt hast, war die **Hawdalah**, die Trennung zwischen dem heiligen Schabbat und den gewöhnlichen Ta-

gen der Woche. Ab sofort darf wieder gearbeitet werden.«

»Und was bedeutet die Dose mit den Gewürzen?«, fragte Mona neugierig.

»Das ist ein alter Brauch. Die Gewürze symbolisieren den Schabbat. Wir wollen ein bisschen von seinen Wohlgerüchen, von seiner Ruhe und Heiligkeit in die Woche hinüberretten. Deshalb öffnen wir diese Dose.«

Das abendliche Fest zu Ehren von Daniels Bar Mizvah fand in einem Hotel statt. Mona hatte noch nie so viele Menschen auf einem Familienfest gesehen. Auf einem Tisch häuften sich die Geschenke der Freunde und Verwandten. Es wurde gegessen, getanzt und gesungen. Immer wieder wurde **Hora** getanzt, ein israelischer Kreistanz, den Mona ziemlich schnell lernte und der eine riesige Stimmung verbreitete. Daniels Freunde hatten für ihn einen Sketch und einige Tänze einstudiert und erhielten für ihre Vorführung viel Applaus.

Als die Familie lange nach Mitternacht zu Hause ankam, waren alle noch völlig aufgekratzt. Daniel und seine Geschwister und Cousins begannen damit, die Geschenke auszupacken, es wurde noch Kaffee und Tee getrunken und geplaudert.

Am nächsten Morgen standen alle spät auf.

»Na, wie hat dir unser Fest gefallen?«, fragte Daniels Vater, als Mona im Wohnzimmer erschien und sich das Chaos betrachtete, das nach der aufregenden Nacht zurückgeblieben war.

»Es war gigantisch«, stieß Mona hervor. »Ich habe noch nie so ein großes Fest erlebt. Wie geht es eigentlich Daniel?«

»Mir geht es blendend«, tönte es aus einer Ecke des Sofas. Daniel hatte es sich dort gemütlich gemacht und blätterte in einigen Büchern, die er geschenkt bekommen hatte. Auch Mona hatte ihm ein dickes Buch über die Weltreligionen mitgebracht. Heute hörte sich Daniel wieder normal an.

Er war nicht mehr so ernst wie in den letzten Tagen.

»Schade, dass du heute schon wieder nach Hause fahren musst. Ich hatte nicht viel Zeit für dich.«

»Es war aber trotzdem wunderschön.« Die Heimfahrt im Zug kam Mona diesmal gar nicht so lange vor. Immer wieder legte sie ihr Buch zur Seite und dachte über die Erlebnisse des Wochenendes nach. Zu ihrer Einsegnung musste sie zwar auch in den Religionsunterricht gehen. Aber so eine Prüfung vor der ganzen Gemeinde, wie Daniel sie hatte ablegen müssen, wurde von ihr nicht verlangt. Sie brannte darauf, ihren Eltern alles zu erzählen.

Kapitel 13

Ostereier und Afikoman

Etwas über eine Woche später rief Joel Schwarz bei Mona an. Er hatte Fotos von Daniels Bar Mizvah mitgebracht und lud sie ein, sich die Aufnahmen in den nächsten Tagen bei ihm anzusehen. Mona freute sich über dieses Angebot und versprach vorbeizuschauen. Es dämmerte schon, als sie zwei Tage später an seiner Tür klingelte.

»Du kommst genau richtig«, freute sich der alte Herr. »Wir haben gerade den Abendbrottisch gedeckt. Hast du Lust, mit uns zu essen?«

Mona war etwas unentschlossen. Sie wusste nicht so genau, ob sie stören würde. Aber Joel Schwarz hatte bereits einen Teller und Besteck aus der Küche geholt und lud Mona ein, sich zu ihnen an den Tisch zu setzen.

»Möchtest du etwas von dem Mazzebrei probieren?«, fragte Channah. In der ihr eigenen Art legte sie Mona, ohne die Antwort abzuwarten, eine Portion auf den Teller.

»Was ist das?«, fragte Mona neugierig.

»Das ist eine Pessachspezialität. Sie besteht aus zerkrümelter Mazzah, Milch und Ei. Du kannst sie entweder so oder mit Zucker bestreut essen.«

Mona kostete vorsichtig. Es sah überhaupt nicht wie Brei aus, eher wie ein Brätling und schmeckte ganz gut.

»Was ist das für eine Spezialität?«, fragte sie weiter.

»Diese Woche feiern wir **Pessach**«, begann Joel Schwarz seine Erklärung. »Du erinnerst dich doch sicher noch an die Geschichte von Moses oder Mosche, wie wir ihn nennen, und den Auszug aus Ägypten.« Mona nickte mit vollem Mund. »Mosche hatte vom Ewigen, gelobt sei er, den Auftrag erhalten, unser Volk aus Ägypten herauszuführen und in das Land zu bringen, das den Stammvätern Awraham, Jizchak und Jaakow von ihm verheißen wurde. Mosche ging zu Pharao, dem Herrscher über Ägypten, und bat ihn, die Israeliten ziehen zu lassen. Aber Pharao brauchte dieses Volk, denn sie waren Bauarbeiter für seine Paläste und die Pyramiden. Deshalb schickte Gott die zehn Plagen. Erst nach dem Tod der Erstgeborenen erlaubte Pharao uns, Ägypten zu verlassen. Da das Volk Israel in aller Eile aufbrach, hatte es keine Zeit mehr, den Sauerteig gären zu lassen und so wurde der ungesäuerte Teig verbacken. Zur Erinnerung an dieses Ereignis feiern wir das Pessachfest. Es dauert acht Tage. In dieser Zeit essen wir nichts Gesäuertes und auch nichts, was sauer werden oder gären könnte. Anstelle von gesäuertem Brot

essen wir **Mazzah**. Du siehst sie hier auf dem Teller.«

»Und ich habe gedacht, ihr seid auf Diät und das ist so eine Art Knäckebrot.«

»Nein«, lachte jetzt Channah. »Zu Pessach Diät zu machen ist fast unmöglich. Es gibt so viele gute Sachen, die man zu Pessach isst, dass ich meistens nach Pessach eine Diät machen muss, um die Pfunde wieder loszuwerden.«

»Und wie feiert ihr dieses Pessachfest?«, wollte Mona weiter wissen.

»Die ersten und letzten beiden Tage der Pessachwoche sind hohe Feiertage. Das bedeutet, dass wir an diesen Tagen nicht arbeiten und in der Synagoge ein besonderer Gottesdienst abgehalten wird. Am ersten Pessachabend, dem **Erew Pessach**, lesen wir während eines Festmahles die **Pessachagadah**, eine Sammlung von Gebeten, Liedern, Erzählungen über den Auszug aus Ägypten und Interpretationen dieser Texte von berühmten Rabbinern. Nach einer festen Ordnung werden ganz bestimmte Speisen verzehrt, die uns an die Knechtschaft unseres

Volkes in Ägypten und unsere Befreiung erinnern sollen. Außerhalb Israels, in der **Golah**, wird diese Zeremonie am zweiten Abend wiederholt. Es ist üblich, zum **Sederabend** Gäste, auch Fremde einzuladen. Wir sollen uns immer daran erinnern, dass wir Fremde waren in Ägypten und wie schlecht es uns deshalb dort ging. Der Fremde genießt im Judentum einen besonderen Schutz.«

»Weißt du, dass es zu Pessach einen ähnlichen Brauch wie das Eiersuchen zu Ostern gibt?«, ließ sich Channah vernehmen.

Ihr Mann schaute sie erstaunt an. »Was meinst du damit?«, wollte er wissen.

»Unsere Kinder suchen keine Eier, aber dafür den **Afikoman**.«

»Du hast Recht«, stimmte ihr Joel Schwarz zu. »Während des Sederabends werden drei **Mazzot** gesegnet. Die mittlere wird in zwei Stücke geteilt und ein Teil davon versteckt. Bevor nach dem Hauptgericht die **Agadah** weitergelesen wird, müssen die Kinder dieses fehlende Teil des Afikoman, so heißt diese besondere Mazzah, finden. Ohne sie kann in der Zeremonie nicht fortgefahren werden. Es ist Brauch, dass derjenige, der ihn findet, im Tausch dafür ein Geschenk erhält. Deshalb sind natürlich alle Kinder wild darauf, dieses Stück Mazzah zu finden.«

»Gibt es noch mehr Ähnlichkeiten zwischen Pessach und Ostern?« Mona war hellhörig geworden. Ihre Religionslehrerin hatte vor einiger Zeit erzählt, dass das Christentum aus dem Judentum entstanden sei und vieles von dieser Religion übernommen habe.

»Als du mir zum Erntedankfest in deiner Kirche dein Lieblingsbild gezeigt hast, da habe ich versprochen, dir ein Buch mit Bildern über das letzte Abendmahl zu zeigen.« Joel Schwarz war aufgestanden und hatte einen dicken Bildband aus dem Regal genommen. Viele verschiedene Abbildungen des letzten Abendmahls aus unterschiedlichen Epochen waren da gesammelt worden. Einige ähnelten dem Bild in ihrer Kirche. Manche sahen auch ganz anders aus.

Joel Schwarz zog ein weiteres Buch aus dem Regal. »Das ist der Nachdruck einer Agadah aus dem 18. Jahrhundert. Schau mal, dieses Bild ähnelt deinem Lieblingsbild in der Kirche. Nur dass hier nicht Jesus mit seinen Jüngern um einen Tisch sitzen, sondern ein Mann mit seiner Familie und seinen Gästen, die den Sederabend begehen. Es könnte durchaus sein, dass Jesus mit seinen Jüngern Pessach gefeiert hat. Schließlich war er Jude.«

Mona betrachtete gebannt das vor ihr aufgeschlagene Buch.

»Es gibt noch andere Anzeichen dafür, dass das Osterfest aus dem Pessachfest entstanden ist«, fuhr Joel Schwarz fort. »Pessach gehört zu den drei **Wallfahrtsfesten**. Als der Tempel in Jerusalem noch stand, pilgerten die Israeliten dreimal im Jahr dorthin, um dem Ewigen die vorgeschriebenen Opfer zu bringen. Zu Pessach wurden die Erstlingslämmer geopfert. Heute opfern wir keine Lämmer mehr. Aber immer noch pilgern viele Juden in der Pessachwoche nach Jerusalem, und es ist etwas Besonderes, in dieser Zeit an der Klagemauer zu beten, die als Einzige vom Tempelbezirk übrig geblieben ist, und den Segen der Cohanim über das Volk Israel mitzuerleben.«

Joel Schwarz schloss eine Weile die Augen, dann fuhr er fort: »Unmittelbar vor Pessach wird das Frühjahrsgetreide ausgesät. Genau 50 Tage nach dem Beginn von Pessach, wir zählen 49 Tage vom zweiten Pessachtag an, findet das nächste Wallfahrtsfest statt. Es heißt **Schawuot**, Wochenfest, nach den sieben Wochen, die seit Pessach vergangen sind. Diese Zeit nennen wir die Omerzeit. Auch zu Schawuot pilgerten die Juden nach Jerusalem. Diesmal wurden die Erstlingsfrüchte geopfert. Das vor Pessach gesäte Getreide ist nun reif. Heute werden Synagoge und Häuser mit sieben verschiedenen Früchten, den sieben Arten, geschmückt.«

Mona dachte nach. 50 Tage nach Pessach war Schawuot. Jetzt fiel es ihr wieder ein. »Aber Pfingsten feiern wir auch 50 Tage nach Ostern«, rief sie ganz aufgeregt.

»Stimmt«, erwiderte Joel Schwarz und lächelte. »Die zwölf Apostel trafen sich wahrscheinlich zu Schawuot in Jerusalem. Dieses Fest ist aber nicht einfach nur ein Ernte- oder Opferfest. Nach der Überlieferung empfing Mosche auf dem Berg Sinai zu Schawuot die **Zehn Gebote**. Damit begann die Verkündung der Gesetzgebung, die in der Torah niedergeschrieben ist. Zu Schawuot feiern wir vor allem, dass der Ewige, gelobt sei er, uns die Torah mit ihren Gesetzen gegeben hat. Es ist ein sehr wichtiges Fest für unser Volk. Durch den Auszug aus Ägypten und die Gesetzgebung auf dem Berge Sinai wurde das Judentum als Volk und als Religion begründet.«

Die große Wanduhr im Korridor ließ Mona aufschrecken. Es war spät geworden. »Die Bilder von Daniels Bar Mizvah schaue ich mir besser ein andermal an«, sagte sie beim Gehen und stürzte aus der Tür. »Und danke für das Essen«, rief sie den beiden alten Herrschaften zu, während sie die Treppe heruntersprang.

Kapitel 14

Die Bank auf dem Spielplatz

In den Nachrichten hatte Mona gesehen, wie über einen Gedenktag in Israel berichtet wurde. Man zeigte im Fernsehen Bilder vom geschäftigen Treiben in den Straßen von Tel Aviv und Jerusalem. Dann ertönten Sirenen und alles stand still. Autos und Autobusse, die mitten auf der Straße anhielten, Fahrrad- und Motorradfahrer, die ihre Fahrzeuge abstellten und stillstanden ebenso wie die Fußgänger, die eben noch an den Geschäften vorbei geeilt waren. Und man zeigte Bilder von einer Gedenkstätte, in der Fackeln brannten und Soldaten salutierten, während die Sirenen heulten. Der Kommentator berichtete, dass überall im Land am **Jom Ha'Schoa** um 10 Uhr morgens die Sirenen zum Gedenken an die Opfer des Holocaust heulten und das ganze Land stillstand.

Mona dachte an Channah. Was sie wohl heute machen würde? Sie nahm sich vor, bei den Schwarz' anzurufen, was sie dann aber doch vergaß. Die Osterferien standen vor der Tür.

Wie vor jeden Ferien spielten die Lehrer verrückt, schrieben eine Arbeit nach der anderen, als wäre dies ihre letzte Chance, die Schüler zum Lernen zu bewegen.

So vergingen einige Monate. Mona war mit Schule, Freunden und verlängerten Wochenenden, die für Kurzurlaube mit den Eltern oder Fahrten mit der Jugendgruppe genutzt wurden, vollends beschäftigt gewesen. Jetzt war es plötzlich richtig Sommer geworden, draußen war es lange hell und sogar abends noch richtig warm. An einem solchen Abend sah Mona nach langer Zeit wieder einmal Joel Schwarz auf der Bank des Spielplatzes sitzen. Er sah schlecht aus, unrasiert mit trockenen, aufgesprungenen Lippen und einem etwas angestrengten Gesichtsausdruck.

Mona lief auf ihn zu. »Was ist denn mit Ihnen los, Herr Schwarz, sind Sie krank?«, fragte sie besorgt.

»Nein, nein, Mona«, antwortete der alte Herr. »Es ist schon alles in Ordnung. Ich bin nur ein bisschen schwach, das ist alles.«

Mona war nicht so überzeugt. Sie kramte eine Cola-Dose, die sie sich unterwegs beim Kiosk gekauft hatte, aus ihrer Tasche und bot sie Joel Schwarz an. »Trinken Sie etwas, das tut Ihnen gewiss gut!«

»Danke, Mona, das ist lieb von dir, aber ich trinke heute nichts«, antwortete er und winkte ab.

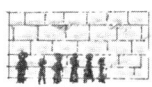

Mona sah ihn ungläubig an. »An einem derartig heißen Tag nichts zu trinken ist aber verrückt«, meinte sie kopfschüttelnd und fuhr sich gleich darauf mit der Hand über den Mund. So mit einem alten Herrn zu reden, war wohl ein bisschen respektlos. Sie schaute ihn von der Seite an. »Oder gibt es dafür vielleicht einen besonderen Grund?«

Joel Schwarz kniff die Augen zusammen und ein Lächeln huschte über sein Gesicht. »Wie ich sehe, hast du dich an unsere Verrücktheiten schon ganz gut gewöhnt«, stellte er anerkennend fest. »Du hast Recht, es gibt einen besonderen Grund. Heute ist **Tischah Be'Aw**, ein Fasttag, und du weißt ja schon, dass wir an diesen Tagen weder essen noch trinken.«

»Puh«, stöhnte Mona. »Nicht zu essen, das geht ja noch. Aber bei dieser Hitze nicht zu trinken ist ja Menschenquälerei.« Mitleidig betrachtete sie den alten Mann.

»Tja, mir wäre es auch lieber, dieser Gedenktag läge im Winter. Dann wäre das Fasten leichter. Aber wir haben uns das Datum nicht ausgesucht«, seufzte Joel Schwarz.

»Was für ein Datum?«, wollte Mona wissen.

»Der 9. Aw, in Hebräisch Tischah Be'Aw, ist der Tag, an dem sowohl der erste als auch der zweite Tempel in Jerusalem zerstört wurde. Den ersten, der von König Salomon erbaut wurde, zerstörte der König von Babylon, Nebukadnezar, als er den Krieg gegen Israel gewann. Er verschleppte fast das gesamte jüdische Volk mitsamt dem Tempelschatz als Sklaven in sein Land. Das geschah vor etwa 2500 Jahren. Diese Periode nennen wir das babylonische Exil. Erinnerst du dich, dass ich dir davon im Zusammenhang mit der Purimgeschichte erzählt habe?«

Mona nickte. Sie hatte sich damals sogar zu Hause hingesetzt, ihre Bibel aufgeschlagen und das Buch Esther gelesen.

»Einige Generationen später hat ein Nachfolger von Nebukadnezar den Juden erlaubt, wieder in ihr Land zurückzukehren. Er gab ihnen sogar den Tempelschatz zurück. Die Rückkehrer erbauten auf demselben Platz in Jerusalem einen neuen, noch größeren zweiten Tempel. Er stand einige hundert Jahre, wurde immer wieder vergrößert und erweitert, bis schließlich die Römer im Jahre 70 n. Chr. genau am selben Tag Jerusalem und den Tempel dem Erdboden gleichmachten, alle Juden in die Sklaverei nach Rom verschleppten und den Tempelschatz raubten. Seither ist er verschwunden

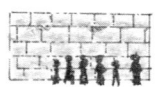

und viele Sagen ranken sich um seinen Verbleib. Juden war es viele hundert Jahre hindurch verboten, in Jerusalem zu wohnen. Die auf ihren Trümmern neu erbaute römische Stadt trug sogar einen anderen Namen. Das Einzige, was vom zweiten Tempel übrig blieb, ist seine westliche Mauer, die Klagemauer. Sie ist uns heute ein heiliger Platz. Zum Gedenken an diese Katastrophe fasten wir am 9. Aw. Seither lebt mein Volk im Exil, ist unter alle Völker verstreut.«

»Aber es gibt doch heute wieder einen jüdischen Staat«, protestierte Mona zaghaft. »Warum wird der Tempel nicht wieder aufgebaut?«

»Stimmt«, erwiderte der alte Mann. »Seit 1948 gibt es wieder einen jüdischen Staat, den Staat Israel mit seiner Hauptstadt Jerusalem. Es gibt viele Gründe, warum der Tempel seither nicht wieder aufgebaut wurde. Eine Weissagung aus der Zeit der letzten Tempelzerstörung besagt, dass der Tempel erst wieder aufgebaut wird, wenn der Messias kommt. Es gibt aber noch einen weiteren Grund: Auf **Morijah**, dem Tempelberg, haben die Muslime zwei Moscheen erbaut, die Omar- und die Al-Aksar-Moschee. Um den Tempel wieder auf seinem ursprünglichen Platz zu erbauen, müssten wir diese Moscheen abreißen. Das aber

würde Krieg mit allen Muslimen der Welt bedeuten. Auch für sie ist Morijah ein heiliger Ort. Also warten wir lieber auf den Messias.«

Joel Schwarz blickte düster vor sich hin. Dann fuhr er fort: »Es hat aber auch sein Gutes. Viele Pflichten, die uns im Zusammenhang mit dem Tempel vom Ewigen, gelobt sei er, auferlegt wurden, können wir jetzt nicht erfüllen, Opfer zu bringen z. B. oder den 10. Teil unseres Einkommens dem Tempel zu stiften. Was uns neben den Reinheitsgeboten, der Einhaltung des Schabbats und einiger anderer Pflichten vor allem bleibt, ist die **Zedakah**.«

Der alte Mann blickte nachdenklich vor sich hin. Mona grübelte darüber nach, ob das wohl am Fasten lag. Dann fragte sie ihn: »Was bedeutet Zedakah?«

»Das Wort bedeutet eigentlich Gerechtigkeit, aber du würdest es wahrscheinlich eher mit Wohltätigkeit übersetzen, obwohl dieses Wort die Bedeutung von Zedakah nicht ganz erfasst.«

Mona runzelte die Stirn. Sie verstand nicht, was Joel Schwarz ihr da erklären wollte. Der alte Herr hatte ihren Zweifel bemerkt und fuhr fort: »Unter Wohltätigkeit wird im Allgemeinen verstanden, dass man armen, bedürftigen Menschen Essen, Kleidung oder Geld gibt, damit sie nicht verhungern

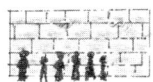

oder erfrieren. Das ist meistens sehr einseitig. Zedakah bedeutet Gerechtigkeit, weil auch der Arme dazu verpflichtet ist, Zedakah zu üben. Es gibt verschiedene Stufen der Zedakah. Die niedrigste davon ist, jemandem Geld in die Hand zu drücken, weil es dem Menschen vielleicht hilft, gerade nicht zu verhungern. Aber es erniedrigt ihn auch. Er kann ja nichts zurückgeben. Deshalb ist eine höhere Stufe der Zedakah, wenn der Spender nicht weiß, wem er gibt, und der Bedürftige nicht erfährt, von wem er bekommt. Im Tempel gab es zu diesem Zweck ein Tor, das so eng war, dass immer nur ein Mensch hindurchgehen konnte. Innerhalb des Durchganges befand sich eine Kasse, in die jeder etwas hineinlegte oder herausnahm, ohne dass er dabei von einem anderen Menschen beobachtet werden konnte. Das war Zedakah. Eine besonders hohe Stufe ist es, jemandem Arbeit zu verschaffen, damit er sich und seine Familie selbständig ernähren kann.«

Jetzt war Mona nachdenklich geworden. Sie hatte noch nie darüber nachgedacht, dass Wohltätigkeit auch beschämen könnte. Aber da war etwas dran. Ihr fiel das Wort »Almosen« ein, das einen etwas negativen Beigeschmack hatte.

Joel Schwarz stand von seiner Bank auf. »Ich werde jetzt zum Abendgebet in die Synagoge gehen und danach ist dieser schwere Tag zu Ende. Vielleicht sehen wir uns ja bald mal wieder!«

Damit verabschiedete er sich von Mona, die sich auch langsam auf den Heimweg machte. Als ihr Blick so über den leeren Spielplatz schweifte, dachte sie daran, dass sie Joel Schwarz vor fast einem Jahr das erste Mal auf dieser Bank hatte sitzen sehen. Wieviel sie in diesem Jahr mit ihm erlebt hatte! Eine neue – oder eigentlich eine sehr alte Welt hatte sie durch ihn ein wenig kennen gelernt. Bald würde er wieder Äpfel mit Honig essen.

 Glossar

Glossar

Zehn Gebote

Als Moses nach dem Auszug aus Ägypten auf dem Berg Sinai von Gott die Zehn Gebote erhielt, war dies der Beginn eines langen Gesetzgebungsprozesses. Die Zehn Gebote sind Grundregeln, die im Verlauf der Entstehung der → Torah zu 613 Ge- und Verboten erweitert wurden, den → Mizvot. Das Ereignis dieser Gesetzgebung begründete das Judentum. Dies wird u.a. zu → Schawuot gefeiert.

9. November

Am 9. und 10. November 1938 zerstörten organisierte Nazibanden mit Hilfe der SS jüdische Einrichtungen in Deutschland, Österreich und anderen Ländern, die unter dem Einfluss der Nationalsozialisten standen. Überall brannten die Synagogen, wurden Geschäfte geplündert, Wohnungen verwüstet, Altersheime und Waisenhäuser niedergebrannt und die darin wohnenden jüdischen Menschen geschlagen, gedemütigt und verhaftet. Es war der vorläufige Höhepunkt der sogenannten Rassenpolitik der Nazis. Danach folgte die Deportation in die → Konzentrationslager und die Ermordung von 6 Millionen Juden aus ganz Europa. Seit der Nürnberger Gesetzgebung von 1935 waren Juden in Deutschland immer mehr Rechte genommen worden. Sie durften viele Berufe nicht mehr ausüben, wurden z.B. aus Richterämtern, Universitäten und öffentlichen Verwaltungen entlassen. Ab 1937 durften Juden nicht mehr mit öffentlichen Verkehrsmitteln fahren, die Kinder keine allgemeinen Schulen, sondern nur noch jüdische Schulen besuchen. Theater- und Konzertbesuche waren verboten und sogar auf den Parkbänken stand geschrieben: »nicht für Juden«. Weil in der Nacht vom 9. zum 10. November Abertausende von Glasscheiben zerbra-chen, nannten die Nazis diese Nacht in ihrer Propaganda zynisch die Reichskristallnacht. So wurde sie auch lange Zeit nach dem Ende der Naziherrschaft über Deutschland genannt. Heute wird häufiger der Name Reichspogromnacht benutzt. Der 9. November wurde in Deutschland zum Gedenktag an die Zerstörung der Synagogen und die Judenverfolgung der Nazis.

Abraham

Awraham Awinu, unser Vater Awraham, wie er in → Hebräisch heißt, ist der Stammvater des jüdischen Volkes. Mit seiner Frau Sarah, mit der er seine Geburtsstadt Ur in Chaldäa verließ, zeugte er seinen Sohn Isaak, in Hebräisch Jizchak. Mit Abraham schloss Gott einen Bund. Er versprach, ihn zum Vater vieler Völker zu machen und ihm und seinen Nachkommen das Land Kanaan zum Besitz zu geben. Als Zeichen des Bundes sollte er alle Männer seines Hauses beschneiden (→ Brit Milah). Im 17. Kapitel des 1. Buches Moses steht, dass Gott diesen Bund mit Isaak und seinen Nachkommen fortsetzen wollte. Ismail, den erstgeborenen Sohn Abrahams und Hagars, der Ägypterin, segnete Gott und versprach, ihn zum Vater großer Fürsten zu machen. Isaak zeugte mit Rebekka die beiden Söhne Esau, hebräisch Esav, und Jakob, hebräisch Jaakow. Dieser wiederum hatte 12 Söhne und eine Tochter. Der zweitjüngste Sohn, Josef, kam nach Ägypten an den Hof des Pharao. Durch Hungersnöte in seinem Heimatland folgten ihm später seine Brüder mit ihren Familien und sein Vater. Aus den 12 Söhnen Jakobs entstanden die 12 Stämme Israels.

In vielen Gebeten wird Gott als der Gott Abrahams, Isaaks und Jakobs angerufen, der Erzväter des jüdischen Volkes; aber nur Abraham trägt den Beinamen »unser Vater«. In der Höhle Machpelah, die Abraham dem damaligen Herrscher der Stadt Hebron, Efron dem Hettiter, abkaufte, um dort seine Frau Sarah zu bestatten, wurde er von seinen beiden ältesten Söhnen Ismail und Isaak beigesetzt.

Afikoman

Während des → Sederabends werden drei → Mazzot gesegnet. Die mittlere, der Afikoman, wird halbiert und die eine Hälfte zu Beginn der Lesung der → Agadah versteckt. Bevor nach der Hauptmahlzeit die Agadah weitergelesen wird, müssen die Kinder die fehlende Hälfte des Afikoman suchen, um den Sederabend zu beenden. Der Finder erhält ein Geschenk. Afikoman bedeutet übersetzt Nachtisch.

Agadah

Das Wort »Agadah« bedeutet Erzählung. Es wird meistens für Überlieferungen im Zusammenhang mit den heiligen Schriften, dem Tenach und dem Talmud, benutzt. Wenn von der Hagadah gesprochen wird, ist immer die Pessachagadah gemeint. Sie besteht aus einer Sammlung von Gebeten, Liedern, der Erzählung des Auszuges aus Ägypten sowie Auslegungen dieser Texte von berühmten Rabbinern. Die Pessachagadah wird während des → Sederabends gelesen und bestimmt seinen Ablauf.

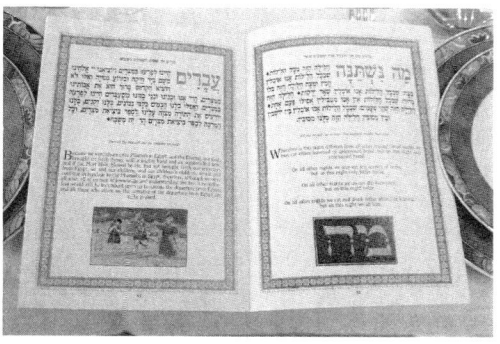

Aharon Hakodesch

Der Begriff Aharon Hakodesch bedeutet »Schrank des Heiligen«. In ihm werden die → Torahrollen aufbewahrt. Er befindet sich in der → Synagoge immer in der nach Osten, also Richtung Jerusalem, der Stadt des Tempels gerichteten Wand.

Aramäisch

Aramäisch ist eine sehr alte Sprache, die heute nur noch in einigen wenigen Dörfern in Syrien und im Norden Israels gesprochen wird. Zur Zeit Abrahams war sie Umgangssprache, zur Zeit Jesu war sie Verkehrssprache, hatte also etwa die Bedeutung wie heute Englisch. Einige Gebete, wie z. B. das → Kaddisch oder manche Lieder zu Ehren des Schabbats, werden heute noch in Aramäisch gesprochen oder gesungen. Auch die Gemara, eine Sammlung von Gesetzesauslegungen und Interpretationen berühmter Rabbiner, ist in dieser Sprache geschrieben.

Aw

Der 11. Monat des jüdischen Kalenders heißt Aw → Tischah Be'Aw.

Bamidbar

Bamidbar ist der hebräische Name für Numeri, das 4. Buch Moses, und bedeutet »in der Wüste«.

Bar Mizvah

Mit 13 Jahren wird jeder jüdische Junge im religiösen Sinne erwachsen und übernimmt von diesem Zeitpunkt an alle Rechte und Pflichten, die in der Torah stehen (→ Mizvot). Bar Mizvah bedeutet »Sohn der Pflicht«. Sie ist ein besonderes Ereignis. Nach seinem 13. Geburtstag wird ein Junge das erste Mal in der Synagoge zur Toralesung aufgerufen und trägt einen Teil des Wochenabschnittes sowie den dazugehörigen Auszug aus den Propheten vor. Ihm zu Ehren wird häufig ein großes Fest veranstaltet. Von nun an ist er für seine Taten selbst verantwortlich. Er wird im → Minjan mitgezählt und kann als Zeuge vor Gericht oder z. B. bei einer Hochzeit auftreten.

Bat Mizvah

Mädchen werden im religiösen Sinne mit 12 Jahren bereits erwachsen. Bat Mizvah bedeutet »Tochter der Pflicht«. Da es in der → Torah keinen Hinweis auf eine Bat Mizvah gibt, Frauen bei der Ausführung des Gottesdienstes keine Aufgaben haben, gibt es kein festgelegtes Ritual für eine Bat Mizvah. Häufig werden zu Ehren der Bat Mizvah wie bei einer → Bar Mizvah große Feste gefeiert. In manchen Gemeinden halten die Mädchen am Freitagabend während des Gottesdienstes eine Rede, da es die Pflicht der Frau ist, mit dem Zünden der Schabbatkerzen den Schabbat zu segnen. In den Reformgemeinden vor allem in England und Amerika lesen Mädchen genauso wie Jungen am Schabbat aus der Torah und den Propheten.

Beit Haknesset

→ Synagoge

Bereschit

Bereschit bedeutet »am Anfang« und ist der hebräische Name für Genesis, das 1. Buch Moses.

Brachah, pl. Brachot

Brachah bedeutet in Hebräisch Segen. Es gibt im Judentum sehr viele Brachot, fast jede Tätigkeit wird gesegnet. So gibt es für jede Art von Speisen eine besondere Brachah, für das Betreten eines Hauses, den Weg, den man geht, oder die Früchte, die man erntet. Alle Brachot beginnen mit dem Satz: »Gesegnet seist du, unser Herr, unser Gott, König der Welt, …«

Brit Milah

Im 17. Kapitel des 1. Buches Moses wird berichtet, dass Gott mit → Abraham einen Bund schloss. Er versprach, ihn zum Vater vieler Völker zu machen und ihm und seinen Nachkommen, die er zahlreich machen wollte, das Land Kanaan zu geben, während Abraham versprach,

Gottes Gebote zu halten. Zum Zeichen dieses Bundes gebot Gott Abraham, alles Männliche seines Hauses zu beschneiden. Jeder Neugeborene sollte am 8. Tag nach seiner Geburt beschnitten werden. Mit der Beschneidung werden die Jungen in die jüdische Gemeinschaft aufgenommen. Sie findet immer am 8. Tag statt und wird von einem dafür besonders ausgebildeten Mann, dem → Mohel, durchgeführt. Brit Milah bedeutet »Bund der Beschneidung«. Er wird auch der Bund Abrahams, Isaaks und Jakobs genannt, denn Gott führte den mit Abraham geschlossenen Bund mit Isaak fort.

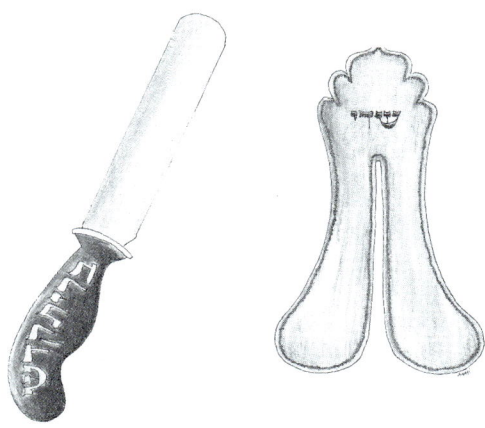

Challah, pl. Challot

Die Challah ist ein geflochtener Mohnzopf, der aus Weizenmehl gebacken wird. Am → Erew Schabbat wird nach dem Segen über den Wein der Segen über zwei Challot gesprochen. Dieser Brauch hat mehrere Ursprünge: In den → Zehn Geboten steht: »Hüte und gedenke des Schabbats.« Es ist das einzige der Zehn Gebote, das zwei Verben enthält. Deshalb und weil Gott dem Volk Israel in der Wüste am Freitag die doppelte Menge Mana schickte, werden am Schabbat zwei Challot gesegnet.

Chanukkah

Im Jahre 167 v. Chr. gelang es einer Gruppe jüdischer Widerstandskämpfer im heutigen Israel, die damals dort herrschenden griechischen Besatzer zu vertreiben. Diese hatten den Tempel in Jerusalem entweiht, indem sie dort ihre Götterstatuen aufstellten und unreine Tiere opferten. Außerdem verboten sie den Juden, Torah zu lernen, Schabbat zu halten und ihre Söhne zu beschneiden. Der Aufstand dauerte mehrere Jahre und wurde von fünf Brüdern angeführt, die sich den Beinamen Makkabim, die Makkabäer, gaben. Der Name stammt von dem Schlachtruf der Aufständischen »Makkabi«, eine Abkürzung des Satzes: »mi kamocha ben elohajim«, was bedeutet: »Wer ist wie du unter den Göttern.« Zur Erinnerung an die Vertreibung der Griechen aus Jerusalem und die Wiedereinweihung des Tempels wird Chanukkah 8 Tage lang gefeiert. Eine Legende erzählt, dass nach der Befreiung im Tempel noch ein versiegelter Krug heiligen Öls gefunden wurde, mit dem man die große → Menorah entzündete. Obwohl die Ölmenge eigentlich nur für einen Tag gereicht hätte, brannte die Menorah 8 Tage lang. Dies gilt als Begründung für die 8-tägige Dauer des Festes. Eine weitere Erklärung besagt, dass mit der Wiedereinweihung des Tempels → Sukkot, eins der drei Wallfahrtsfeste, nachgefeiert wurde. Auch Sukkot dauert 8 Tage. Zu Chanukkah wird auf einem 8-armigen Leuchter, der Chanukkijah, an jedem Tag des Chanukkahfestes eine Kerze mehr angezündet, bis am 8. Tag alle 8 Chanukkahkerzen brennen. Es ist Sitte, während der Chanukkahzeit in Öl gebackene oder gebratene Speisen wie z. B. Kartoffelpuffer oder Kreppel zu essen. Das Fest fällt etwa in die gleiche Zeit wie Weihnachten und wird in Deutsch Lichterfest genannt.

Chanukkijah

Chanukkahleuchter, → Chanukkah

Chasan

Der Gottesdienst in einer Synagoge wird immer von einem Vorbeter geleitet. Wenn es sich eine Gemeinde leisten kann, stellt sie für diese Aufgabe einen Chasan oder Kantor ein, der die vorgeschriebenen Gebete nicht nur vorträgt, sondern singt. Es gibt eine Menge sehr berühmter Chasanim und eine umfangreiche Sammlung von Melodien dieser Gebete. Ein Chasan muss eine langjährige Ausbildung absolvieren und ist in den meisten Gemeinden auch gleichzeitig Lehrer.

Cheder

Cheder bedeutet Zimmer. Es ist jüdische Tradition, Kinder, vor allem Jungen, mit drei Jahren zu einem Lehrer zu schicken, bei dem sie Torah lernen und damit gleichzeitig Hebräisch. In Osteuropa unterrichteten solche Lehrer meistens mehrere Kinder gleichzeitig in einem kleinen Zimmer. Deshalb nannte man diese Torahschulen Cheder.

Cohanim

Als nach dem Auszug aus Ägypten während der 40-jährigen Wanderung durch die Wüste der Tempeldienst eingerichtet wurde, bestimmte Gott die Nachkommen Arons, Moses' Bruder, zu Priestern. Sie wurden Cohanim genannt und haben heute noch besondere Rechte und Pflichten innerhalb der jüdischen Gemeinschaft, die nichts mit den Aufgaben eines → Rabbiners zu tun haben.

Davidstern

Der Davidstern heißt in Hebräisch Magen David, Schild Davids. Auf dem Schutzschild König Davids war dieser, aus zwei übereinandergelegten Dreiecken bestehende, sechseckige

Stern als Symbol des Hauses David angebracht. Heute wird er als Symbol des Judentums benutzt. Wir finden ihn in Synagogen, auf den Umschlägen von Gebetbüchern oder als Schmuckstück.

Dewarim

Dewarim ist der hebräische Name für Deuteronomium, das 5. Buch Moses.

Elijahu Hanavi

Elijahu Hanavi bedeutet in Hebräisch Elijahu, der Prophet. Es handelt sich um den Propheten Elias, von dem gesagt wird, er würde die Ankunft des Messias verkünden. Zu vielen Festlichkeiten wird er in der Hoffnung eingeladen, die Ankunft des Messias damit zu beschleunigen. So steht bei einer → Brit Milah ein besonders schöner Stuhl für ihn bereit. Am → Sederabend wird für ihn ein großer Becher Wein auf den Tisch gestellt und an einer bestimmten Stelle der → Agadah öffnet man die Haustür, um ihn hereinzulassen.

Elul

Elul ist der letzte Monat im jüdischen Kalender. Er ist der Vorbereitung auf die hohen jüdischen Feiertage gewidmet. Den ganzen Monat lang werden während der Gottesdienste besondere Gebete der Versöhnung und Verzeihung gesprochen und jeder gläubige Jude versucht, seine Schulden in dieser Zeit zu begleichen und eventuelle Streitigkeiten zu beseitigen, damit er rein und schuldfrei ins neue Jahr gehen kann (→ Jom Kippur).

Erew Pessach

Erew Pessach bedeutet der Pessachabend. Er wird auch → Sederabend genannt.

Galut

→ Golah

Golah

Die beiden Begriffe Golah und Galut bezeichnen die jüdische Diaspora. Damit ist jedes jüdische Leben außerhalb Israels gemeint. Viele Vorschriften der Torah gelten nur für das Gelobte Land. Als nach der Zerstörung des ersten Tempels das jüdische Volk ins babylonische Exil verschleppt wurde, entstanden dort die ersten Regeln für das Leben in der Golah (→ Tischa Be'Aw).

Hawdalah

Hawdalah bedeutet Trennung. Damit ist eine Zeremonie gemeint, mit der der → Schabbat beendet wird. Nach Sonnenuntergang am Samstagabend wird ein besonderes Gebet gesprochen, ein Becher Wein gesegnet und eine aus mehreren Dochten geflochtene Kerze entzündet. Es ist üblich, eine Dose mit duftenden Gewürzen am Ende der Hawdalah herumzureichen. Sie symbolisiert die Ruhe und Heiligkeit des Schabbats, wovon etwas in den Alltag mitgenommen werden soll.

Hebräisch

Hebräisch oder Iwrit gehört zu den semitischen Sprachen. Es hat eigene Schriftzeichen und wird von rechts nach links geschrieben. Hebräisch gilt im Judentum als heilige Sprache, weil in ihr der → Tenach und viele andere Schriften geschrieben wurden. Jüdische Gottesdienste finden überall auf der Welt in dieser Sprache statt. Heute ist Hebräisch Landessprache des Staates Israel. Man unterscheidet zwischen dem Hebräisch des Tenach und dem heute verwendeten modernen Hebräisch.

Holocaust

Mit dem Begriff Holocaust wird die Ermordung von ca. 6 Millionen europäischer Juden durch das nationalsozialistische Regime in Deutschland während des 2. Weltkrieges bezeichnet. In allen von der deutschen Wehrmacht besetzten Gebieten wurden Juden verfolgt, umgebracht oder zusammengetrieben und in → Konzentrationslager verschleppt, wo sie entweder zu Zwangsarbeit gezwungen oder gleich ermordet wurden. Die Benutzung des Begriffes Holocaust für diese Verbrechen ist zwar weit verbreitet, aber nicht unumstritten. Er kommt aus dem Griechischen und bedeutet »Gottesopfer«. In der jüdischen Welt wird deshalb eher das hebräische Wort Schoa, Vernichtung, benutzt (→ Jom Ha'Schoa).

Hora
Die Hora ist ein israelischer Volkstanz.

Ima
Ima ist das hebräische Wort für Mutter.

Iwrit
→ Hebräisch

Jecke
Jecke ist ein Spitzname für deutsche Juden. Weil sie immer Jacketts trugen und für ihre Überkorrektheit und Förmlichkeit bekannt waren, wurden sie in Jiddisch Jeckes – die Jackettträger – genannt.

Jerusalem
Jerusalem, in Hebräisch Jeruschalajim, ist eine sehr alte Stadt und hat in ihrer bewegten Geschichte schon viele Herrscher gehabt. Für die drei monotheistischen Weltreligionen – das Judentum, das Christentum und den Islam – ist sie eine heilige Stadt. Abraham sollte hier auf dem Berg → Morijah auf Befehl Gottes seinen Sohn Isaak opfern. König David eroberte die Stadt, die damals Urusalim hieß, von den Jebusitern und machte sie zur Hauptstadt seines Königreiches. Sie heißt deshalb auch die Stadt Davids. Auf dem Berg Morijah ließ sein Sohn, König Salomon, den ersten Tempel bauen und stellte in seinem Allerheiligsten die Bundeslade mit den Gesetzestafeln auf, die Gott dem Volk Israel am Berg Sinai gegeben hatte. Jerusalem wurde so zum Zentrum des jüdischen Volkes, bis die Römer im Jahre 70 n. Chr. den zweiten Tempel und mit ihm Jerusalem zerstörten. In dieser Stadt wirkte Jesus. Fast 700 Jahre später stieg der Begründer des Islam, der Prophet Mohammed, der Legende nach von Morijah aus mit seinem Pferd ins Paradies auf. Heute ist Jerusalem die Hauptstadt des 1948 neu gegründeten jüdischen Staates Israel.

Jeruschalajim
Jeruschalajim ist der hebräische Name von → Jerusalem.

Jiddisch
Jiddisch ist eine Sprache, die sich aus dem Mittelhochdeutschen entwickelt hat. Als im Mittelalter die Juden in Deutschland verfolgt wurden, flohen viele nach Osten. Dort mischte sich ihre Sprache mit polnischen, russischen und hebräischen Sprachelementen. Jiddisch wurde deshalb vor allem von osteuropäischen Juden gesprochen. Bis zur → Schoa war Jiddisch eine lebendige Sprache mit einer reichen Literatur. Geschrieben wird sie mit hebräischen Buchstaben. Heute sprechen nur noch sehr wenige Menschen diese Sprache. Vor allem in Amerika und in Israel gibt es Gegenden, in denen die Umgangssprache Jiddisch ist, Zeitungen und Bücher in dieser Sprache erscheinen und jiddisches Theater gespielt wird.

Jom Ha'Schoa

Jom Ha'Schoa heißt der jüdische Gedenktag an die Opfer des → Holocaust. Er wird am 27. Nissan, 9 Tage vor dem Unabhängigkeitstag des Staates Israel begangen. Das Wort Schoa bedeutet Vernichtung. An diesem Tag finden in Israel keine Vergnügungsveranstaltungen wie z. B. Kino oder Theater statt, die meisten Restaurants sind geschlossen. Überall auf der Welt werden in Gedenkstätten und Synagogen Gedenkstunden der Opfer der Schoa gedacht.

Jom Kippur

Am 10. Tag des jüdischen Jahres wird Jom Kippur, der Versöhnungstag, begangen. Er gehört wie → Rosch Haschanah zu den hohen jüdischen Feiertagen. In dieser Zeit sollen Schulden beglichen und Streitigkeiten mit anderen Menschen behoben werden, da es ohne eine Versöhnung unter den Menschen keine Versöhnung mit Gott gibt. An Jom Kippur wird gefastet, d. h. weder gegessen noch getrunken, um sich auf das Gebet zu konzentrieren und Gott um Vergebung zu bitten.

Jude

Ein Jude ist ein Angehöriger des jüdischen Volkes und damit der jüdischen Religion. Nach dem jüdischen Gesetz ist Jude, wer eine jüdische Mutter hat oder zum Judentum übergetreten ist. Letzteres ist sehr schwer, weil es im Judentum ein Missionsverbot gibt.

Jüdischer Kalender

Der jüdische Kalender ist ein Mond-Sonnen-Kalender. Er beginnt im Spätsommer und hat 12 Monate mit 29 oder 30 Tagen. Der letzte und erste Tag jedes Monats liegt auf Neumond. Alle drei bis vier Jahre wird ein Schaltjahr festgesetzt, indem vor dem Pessachmonat Nissan im Frühjahr ein zusätzlicher Monat eingeschoben wird. Dadurch können die Feiertage immer in der gleichen Jahreszeit stattfinden.

Kabbalat Schabbat

Kabbalat Schabbat bedeutet übersetzt Empfang oder Begrüßung des Schabbats. Am Freitagabend wird nach dem Gottesdienst der Segen über den Schabbat, einen Becher Wein und zwei → Challot gesprochen. Meistens wird Kabbalat Schabbat im Kreis der Familie zu Beginn eines festlichen Schabbatessens gefeiert. Es ist üblich, hierzu Gäste einzuladen.

Kaddisch

Kaddisch ist das Totengebet. Es wird in → Aramäisch gesprochen und kann nur gebetet werden, wenn ein → Minjan, bestehend aus mindestens 10 erwachsenen Männern, anwesend ist. Es beinhaltet Lobpreisungen Gottes.

Kaschrut

Im Judentum gibt es spezielle Speise- und Reinheitsgebote. Sie betreffen sowohl die menschliche Hygiene als auch den Umgang mit Speisen. Kaschrut bezeichnet die Speisegesetze und ist eine Wissenschaft für sich. Allgemein unterscheidet man zwei Hauptregeln: Milchspeisen und Fleischspeisen dürfen nicht miteinander vermischt, d. h. weder miteinander zubereitet noch gleichzeitig gegessen werden. Fleisch wird nur verwendet, wenn es nach ganz bestimmten Regeln geschlachtet wurde und von Säugetieren stammt, die sowohl Paarhufer als auch Wiederkäuer sind. Vor der Zubereitung wird Fleisch gesalzen, um es auszubluten, da der Verzehr von Blut verboten ist. Außerdem werden Geflügel, soweit es keine Raubvögel sind, und bestimmte Fische gegessen. Obst und Gemüse unterliegen keinen Einschränkungen. Zu den Kaschrutregeln gehört auch, dass in der Küche Geschirr und Besteck streng nach dem Gebrauch für milchige bzw. fleischige Speisen getrennt werden.

Ketuwim (Chetuwim)

Ketuwim heißt übersetzt Schriften. Es ist der hebräische Name für die Hagiographen, den dritten Teil des → Tenach.

Kippah, pl. Kippot

Eine Kippah ist ein Käppchen, das jüdische Männer auf dem Kopf tragen, wenn sie beten, Segen sprechen oder in den heiligen Schriften lernen. Fromme Juden tragen immer eine Kopfbedeckung.

KKL

Der Keren Kajemet Leisrael, abgekürzt KKL, ist der Jüdische Nationalfonds. Er wurde 1901 auf dem 5. Zionistenkongress in Basel gegründet. Seine ursprüngliche Aufgabe war es, im damaligen Palästina Boden für die Gründung landwirtschaftlicher Siedlungen zu kaufen. Nach der Gründung des Staates Israel 1948 übernahm der KKL auch andere Aufgaben. Bis heute kauft er Boden, um Wälder und andere Grüngürtel anzulegen und zu erhalten. Damit wird die Bodenerosion aufgehalten und die Wüste fruchtbar gemacht. Neben Bewässerungsprojekten und landwirtschaftlichen Forschungseinrichtungen finanziert der KKL auch Projekte, mit denen das ökologische Bewusstsein geschult werden soll. Überall auf der Welt werden für diese Projekte Spenden gesammelt.

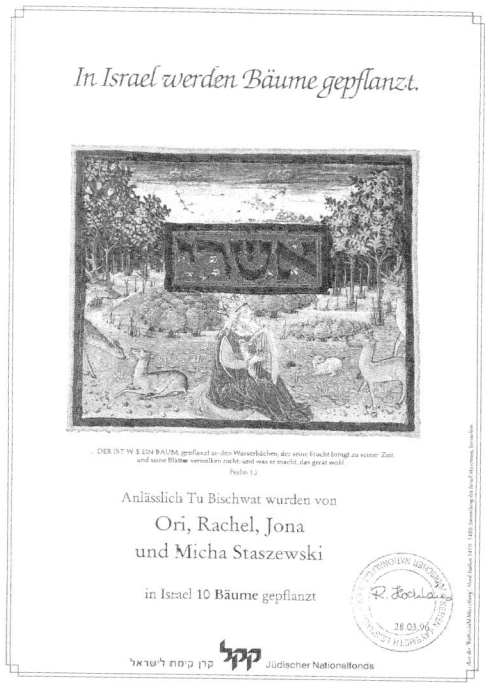

In Israel werden Bäume gepflanzt.

DER IST WIE EIN BAUM, gepflanzt an den Wasserbächen, der seine Frucht bringt zu seiner Zeit, und seine Blätter verwelken nicht; und was er macht, das gerät wohl.
Psalm 1,2

Anlässlich Tu Bischwat wurden von

Ori, Rachel, Jona
und Micha Staszewski

in Israel 10 Bäume gepflanzt

Jüdischer Nationalfonds

Konzentrationslager

Nachdem die Nationalsozialisten, kurz Nazis genannt, 1933 in Deutschland an die Macht kamen, richteten sie Konzentrationslager ein, in denen sie anfangs vor allem ihnen politisch unliebsame Menschen einsperrten, folterten und teilweise auch ermordeten. Nach dem Überfall auf Polen und dem damit begonnenen 2. Weltkrieg wurden vor allem im besetzten Polen, aber auch in anderen Ländern Konzentrationslager errichtet. Dort wurden vor allem Juden, aber auch politische Häftlinge, Zigeuner und andere von den Nazis verfolgte Menschen gefangen gehalten, zu harter körperlicher Arbeit gezwungen und in den meisten Fällen ermordet. Einige dieser Lager waren ausschließlich dafür gebaut worden, Juden zu töten. Ein Ziel der Nationalsozialisten war es, das jüdische Volk zu vernichten.

Koscher

Das Wort koscher bedeutet, im Sinne der jüdischen Speisevorschriften rein zu sein, → Kaschrut.

Man

Man ist das hebräische Wort für Mana, eine Speise, die Gott dem Volk Israel während der 40-jährigen Wanderung durch die Wüste sandte.

Mazzah, pl. Mazzot

Als beim Auszug aus Ägypten das jüdische Volk über Nacht seine Habe zusammen packen musste, blieb nicht genügend Zeit, um den Brotteig gären zu lassen. So wurde er ungesäuert verbacken. Zu → Pessach wird zur Erinnerung daran 8 Tage lang ungesäuertes Brot gegessen. Es heißt Mazzah und besteht aus Weizenmehl, Wasser und Salz. Um sicher zu sein, dass der Teig auch wirklich nicht angegoren ist, dürfen bei der Herstellung von Mazzot vom Mischen des Mehls mit Wasser bis zum Backen nicht mehr als 13 Minuten vergehen, damit sie für den Verzehr zu Pessach → koscher sind.

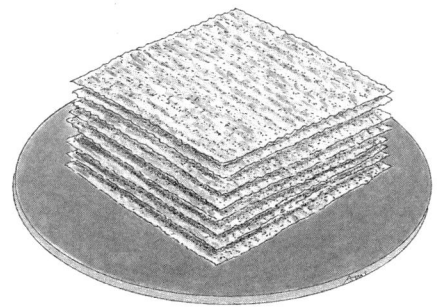

Megilat Esther

In der Megilat Esther steht die Geschichte der Königin Esther, die es durch Mut und Klugheit geschafft hat, die jüdischen Einwohner Persiens vor der Ermordung durch die Truppen Hamans, des obersten Ministers des damaligen persischen

Königs Ahaschverosch, zu retten. Diese Geschichte wird zu → Purim gelesen. Es ist üblich, während der Lesung der Megilat Esther immer dann, wenn der Name Hamans erwähnt wird, mit Tratschen oder anderen Geräten so laute Geräusche zu machen, dass man ihn nicht hören kann. Der Sinn dieses Brauches liegt darin, dass es zwar eine Pflicht ist, die Megilat Esther zu hören, um die Purimgeschichte von einer Generation auf die andere zu überliefern. Der Judenhasser Haman soll aber damit bestraft werden, dass sein Name niemals gehört wird. Genau wie die Torah ist auch das Buch Esther auf Rollen geschrieben worden. Megilat Esther bedeutet übersetzt Estherrolle.

Menorah

Als während der 40-jährigen Wanderung durch die Wüste auf Geheiß Gottes die heiligen Geräte hergestellt wurden, die später auch im Tempel in Jerusalem standen, war darunter auch ein siebenarmiger Leuchter, die Menorah. Nach der Zerstörung des zweiten Tempels wurde der Tempelschatz nach Rom verschleppt und mit ihm auch die Menorah. Seither ist sie verschwunden und es ranken sich viele Legenden um ihren Verbleib. Heute ist der siebenarmige Leuchter das Symbol des israelischen Staates.

Meschiach

Meschiach ist das hebräische Wort für → Messias.

Messias

Das Judentum geht davon aus, dass der Messias kommen wird und damit für die Menschheit ein Zeitalter ohne Kriege, Armut und Hunger beginnt. Er wird aus dem Stamme Judah hervorgehen und Jerusalem zur Hauptstadt seines Reiches machen. Seine Ankunft wird von dem Propheten → Elijahu angekündigt werden.

Mesusah

Eine Mesusah besteht aus einer Hülle, die aus Holz, Metall, Glas, Porzellan, Silber oder auch anderen Materialien hergestellt sein kann, sowie aus einem Stück Pergament, auf das zwei Absätze aus der Torah geschrieben wurden. Der eine ist der Anfang des Glaubensbekenntnisses, → Schma Israel, der andere das Gebot Gottes, die Geschichte vom Auszug aus Ägypten von Generation zu Generation weiterzuerzählen und auf die Türen der Häuser und die Tore der Städte zu schreiben, dass Gott das Volk Israel aus der Knechtschaft befreit und in das Gelobte Land geführt hat. Die Mesusah wird im oberen Drittel des Türrahmens angebracht, so dass sie mit der Hand noch zu erreichen ist. Beim Betreten und Verlassen des Hauses wird sie mit der Hand berührt und das Haus gesegnet. Das Anbringen der Mesusah im Türrahmen geht auf eine Stelle in der Torah im Zusammenhang mit dem Auszug aus Ägypten zurück. Gott hatte vor der Androhung der 10. Plage dem Volk Israel befohlen, für jeden Haushalt ein Lamm zu schlachten und sein Blut an die Türpfosten zu streichen. Dies sollte für den Todesengel, der jeden erstgeborenen Ägypter töten sollte, ein Zeichen sein, dieses Haus zu umgehen. Die Mesusah ist somit nicht nur die Erinnerung an den Auszug aus Ägypten und die Mahnung zur Einhaltung der Gebote Gottes, sondern auch ein Schutz für das Haus. Sowohl auf der Rückseite der Pergamentrolle wie auch auf der äußeren Hülle ist der hebräische Buchstabe »Schin« zu sehen, mit dem sowohl das Glaubensbekenntnis → Schma Israel als auch einer der Namen Gottes, Schadai, beginnt.

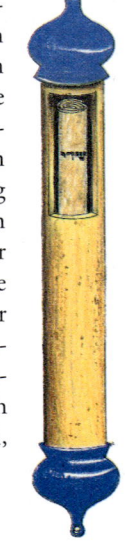

Minjan

Zu vielen religiösen Tätigkeiten ist im Judentum ein Minjan notwendig. Es besteht aus 10 erwachsenen Männern. Ohne Minjan kann z. B. das → Kaddisch nicht gesagt werden und auch die öffentliche Lesung der → Torah in der Synagoge findet nur mit einem Minjan statt. Nach seiner → Bar Mizvah wird ein Junge zum Minjan gezählt.

Mizvah, pl. Mizvot

Das Wort Mizvah bedeutet Pflicht. In der Torah werden 613 Mizvot erwähnt, die sich in 365 Verbote und 248 Gebote unterteilen lassen. Unter ihnen sind eine ganze Reihe von Mizvot, die derzeit nicht erfüllt werden können, weil sie sich auf die Arbeit im Tempel bzw. auf Verpflichtungen ihm gegenüber beziehen. Neben der Einhaltung der → Zehn Gebote beinhalten die 613 Mizvot z. B. die Speisegesetze (→ Kaschrut), die Reinheitsgebote, die Pflicht, Armen, Weisen und Witwen zu helfen, Kranke zu pflegen und zu besuchen, einen Teil des eigenen Einkommens zu spenden, die Kinder zu unterrichten und ihnen die → Torah beizubringen sowie selber Torah zu lernen, Feiertage einzuhalten usw. Außer für die Bestrafung von Verbrechen wie Mord, Diebstahl, Betrug, Ehebruch usw., für die Gerichte zuständig sind, gibt es im Judentum keine weltliche Instanz, die die Einhaltung der Mizvot überwacht. Jeder Jude, der das Alter der → Bar Mizvah bzw. → Bat Mizvah erreicht hat, ist für seine Taten selber verantwortlich und muss sich Gott gegenüber verantworten (→ Jom Kippur).

Mohel

Ein Mohel ist ein besonders ausgebildeter, frommer Mann, der die → Mizvah übernimmt, jüdische Jungen am 8. Tag nach ihrer Geburt zu beschneiden (→ Brit Milah). Heutzutage sind diese Männer häufig von Beruf Arzt.

Morijah

Der Tempelberg in Jerusalem heißt in der → Torah Morijah. Er ist eine heilige Stätte. Hier opferte → Abraham den Widder anstelle seines Sohnes Isaak. Auf ihm wurde unter König Salomon der erste Tempel gebaut. Nach der babylonischen Gefangenschaft im 5. Jahrhundert v. Chr. wurde an derselben Stelle der zweite Tempel errichtet, den 70 n. Chr. die Römer zerstörten. Von ihm blieb nur die Westmauer des Tempelbezirks erhalten, die Kottel Hama'arawi oder Klagemauer, wie sie in Deutsch heißt. Viele Juden aus der ganzen Welt besuchen Jerusalem, um an diesem heiligen Ort zu beten. Heute stehen auf dem Tempelberg zwei Moscheen. Die Omar-Moschee wurde um einen Felsen herum gebaut, von dem aus der islamischen Überlieferung nach der Prophet Mohammed mit seinem Pferd zum Himmel aufgestiegen ist. Auch für die Muslime ist Morijah ein heiliger Ort.

Mosche

Der hebräische Name für Moses ist Mosche, der Sohn von Amram und Jochewet aus dem Stamm Levi. Er hat das Volk Israel aus Ägypten geführt und von Gott am Berg Sinai die → Zehn Gebote erhalten. Mosche starb auf dem Berg Horeb, als er von dort aus das von Gott verheißene Land gesehen hatte. Er wird Mosche Rabenu, unser Lehrer Mosche, genannt und gilt als der größte Prophet des jüdischen Volkes.

Name Gottes

Der Name Gottes ist im Judentum heilig. Am Berg Sinai nannte Gott → Mosche seinen Namen und befahl, ihn dem Volk Israel zu verkünden (s. 2. Buch Moses, Kapitel 3,14–15). Um das Verbot, den Namen Gottes zu missbrauchen, nicht zu übertreten, wurde er nur einmal im Jahr zu → Jom Kippur vom Hohepriester ausgesprochen. Seine vier → hebräischen Buchstaben für JHVH werden in der → Torah geschrieben, aber selbst bei der Torahlesung am → Schabbat in der → Synagoge nicht ausgesprochen. Anstelle dessen wird das Wort »Adonaj«, was etwa »mein Herr« bedeutet, benutzt. Selbst dieser Name für Gott wird nur während des Gebets vollständig ausgesprochen, beim Lernen z. B. benutzt man die abgewandelte Form Adonam. Häufig werden anstelle des Namens Gottes die hebräischen Buchstaben für JJ bzw. H geschrieben. → Torahrollen und Schriftstücke, in denen der Name Gottes oder seine Abkürzungen vorkommen, dürfen nicht vernichtet oder einfach weggeworfen werden. Unbrauchbare Torahrollen, Gebetbücher oder andere Schriften werden deshalb an einer besonderen Stelle auf dem jüdischen Friedhof aus Ehrfurcht vor dem Namen Gottes begraben.

Pessach

Pessach bedeutet in Hebräisch Opfer. Es ist das erste der drei → Wallfahrtsfeste. Pessach wird zur Erinnerung an den Auszug aus Ägypten gefeiert. Das Fest dauert 8 Tage. In dieser Zeit werden keine gesäuerten oder gegorenen Speisen verzehrt. Anstelle von Brot wird → Mazzah gegessen. Getreideerzeugnisse und Teigwaren, wie z. B. Nudeln sowie in Essig eingelegte Gemüse, z. B. saure Gurken, werden gemieden. Der erste Pessachabend, der → Sederabend, wird mit einem festlichen Essen begangen. Nach einer festgelegten Reihenfolge werden bestimmte Speisen gereicht, die an die Sklaverei in Ägypten und die Befreiung erinnern. An diesem Abend wird die → Agadah gelesen, die seinen Verlauf bestimmt.

Mit dem Ende des ersten Pessachtages beginnt die Omerzeit. Das sind 49 Tage, an die sich → Schawuot anschließt. Es ist die Zeit, in der das Frühjahrsgetreide wächst, das vor Pessach ausgesät wurde und zu Schawuot geerntet wird. In dieser Zeit finden außer an Lag Ba'Omer, dem 33. Omertag, keine Feste statt.

Pessachagadah
→ Agadah

Pogrom

Seit dem frühen Mittelalter gab es in Europa immer wieder Überfälle auf jüdische Gemeinden. Unter christlichen Herrschern lebten Juden unter mehr oder weniger starken Einschränkungen, durften oft ihre vorgeschriebenen Wohnbezirke nur mit besonderer Genehmigung verlassen und waren vom Wohlwollen des örtlichen Fürsten, für das sie meistens viel Geld bezahlen mussten, abhängig. Vor allem seit Beginn der Kreuzzüge wurde die Bevölkerung immer wieder gegen die Juden aufgehetzt, die angeblich Jesus ermordet hätten. Gerüchte verbreiteten sich, dass Juden christliche Kinder schlachten würden, um damit ihre Mazzot zu backen, oder religiöse Gegenstände schändeten, um Gott zu lästern. Um solche Vorfälle zu rächen, wurden immer wieder jüdische Häuser überfallen und angezündet, ihre Bewohner ermordet und ihr Besitz geplündert. Oft wanderten die Überlebenden solcher Pogrome in andere Länder und gründeten neue Gemeinden, bis sie auch dort von derartigen Überfällen heimgesucht wurden. Selbst nach dem Ende der → Schoa gab es in Polen Pogrome mit der Begründung, Juden hätten christliche Kinder für rituelle Zwecke ermordet. Sie führten zu einer fast vollständigen Auswanderung der Überlebenden der Schoa aus Polen. Das Wort Pogrom kommt aus dem Russischen und bezeichnet einen geplanten Überfall, bei dem geplündert, gemordet und gebrandschatzt wird.

Purim

Zu Purim wird die Rettung der Juden Persiens vor dem Versuch Hamans, des obersten Ministers des persischen Königs Ahaschverosch, gefeiert, alle Juden umbringen zu lassen. Es ist ein lustiges Fest, bei dem sich die Menschen ähnlich

wie zu Fasching verkleiden. Purim wird die →
Megilat Esther gelesen, die von der Rettung der
persischen Juden durch die Königin Esther berichtet. Es ist Sitte, Körbe mit Speisen und Getränken an Nachbarn, Freunde und arme Leute
zu verschicken (→ Schlachmunes). Purim ist das
einzige jüdische Fest, bei dem man sich betrinken darf und sonst verbotene Glücksspiele erlaubt sind. Haman wählte den Termin der Ermordung der Juden seines Reiches durch Los.
Hierauf bezieht sich der Name des Festes. Purim
bedeutet Lose.

Purim sameach

Zu → Purim wünscht man sich Purim sameach,
ein fröhliches Purimfest.

Rabbiner

Ein Rabbiner ist ein Gelehrter. Er kann nach vielen Jahren der Ausbildung religiöses Oberhaupt
einer jüdischen Gemeinde werden. Dort ist er
für die Einhaltung der Halachah, der jüdischen
Rechtsvorschriften, zuständig, führt Trauungen
durch, kümmert sich um die religiöse Erziehung
innerhalb der Gemeinde und arbeitet als Seelsor-
ger. Wenn er dazu die nötige Anerkennung hat,
fungiert er auch als Richter. Er ist kein Priester
(→ Cohanim).

Rosch Haschanah

Rosch Haschanah bedeutet Kopf des Jahres. Es
ist der Name des jüdischen Neujahrsfestes, das
im Spätsommer oder Herbst gefeiert wird und
mit dem der → jüdische Kalender beginnt. Rosch
Haschanah gehört zu den Hohen Feiertagen und
leitet die Zeit der Besinnung und Versöhnung
ein, die mit → Jom Kippur ihren Höhepunkt findet. Es ist üblich, zu diesem Fest süße Speisen zu
bereiten. Sie symbolisieren den Wunsch nach
einem glücklichen, süßen Jahr.

Saba, Sawta

Saba und Sawta sind die hebräischen Worte für
Großvater und Großmutter.

Sandak

Sandak nennt man den Mann, der während der
→ Brit Milah, der Beschneidung, das Kind hält.
Er fungiert als Zeuge und ist gleichzeitig eine Art
Pate, der mit der Ehre, Sandak zu sein, auch die
Verpflichtung übernimmt, dem Jungen eine
jüdische Erziehung zu ermöglichen, falls seine
Eltern dazu nicht in der Lage sein sollten.

Schabbat

Schabbat, auf Deutsch Samstag, ist der siebte
Tag der jüdischen Woche, der Ruhetag. An ihm
wird nicht gearbeitet. Dies leitet sich aus der
Schöpfungsgeschichte ab (Gott ruhte am siebten
Tag) und aus den Zehn Geboten, deren drittes
lautet: »Du sollst den Schabbat heiligen und
seiner gedenken.« Er beginnt – wie alle Tage des
jüdischen Kalenders – am Abend des Vortages,
wenn die Sonne untergegangen ist, und endet
am Samstagabend, wenn die ersten drei Sterne
am Himmel zu sehen sind. Vor Sonnenuntergang am Freitagabend zünden die Frauen die
Schabbatkerzen und leiten so die Schabbatruhe
ein. In traditionellen Familien gibt es am Freitagabend ein festliches Essen, das mit dem Segen
über den Schabbat sowie über Wein und Brot,
dem Kiddusch, beginnt. Bei dieser Gelegenheit
sitzt die ganze Familie zusammen und es gehört zu den besonders schönen Pflichten, hierzu
Gäste einzuladen. Am Samstagmorgen wird
während des Gottesdienstes in der → Synagoge
ein Abschnitt aus der → Torah gelesen. Jeder
Schabbat trägt den Namen dieses Wochenabschnittes. Beendet wird der Schabbat mit der
→ Hawdalah.

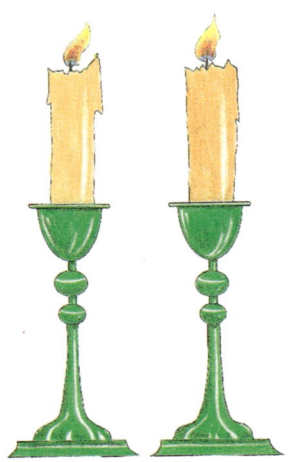

Schabbat Schalom

Am → Schabbat wünscht man sich Frieden. Schabbat Schalom bedeutet »ein friedlicher Schabbat«.

Schabbesdicke

Schabbesdicke ist ein → jiddisches Wort für etwas, das besonders für Schabbat geeignet, also besonders gut oder festlich ist.

Schamasch

Das Wort Schamasch bedeutet Diener. Auf der → Chanukkijah bezeichnet man damit die 9. Kerze, die zum Anzünden der acht Chanukkahkerzen dient. Auch der Synagogendiener heißt so, wird aber in den europäischen Gemeinden Schames genannt, die jiddische Form dieses Wortes.

Schawuot

Schawuot bedeutet übersetzt »Wochen« und ist das zweite der drei → Wallfahrtsfeste. In Deutsch wird es häufig mit Wochenfest übersetzt. Sein Name bezieht sich auf die sieben Wochen der Omerzeit, die seit → Pessach vergangen sind. Es

ist einerseits ein Erntefest, bei dem sieben verschiedene Arten von Früchten zum Tempel gebracht wurden: Weizen und Gerste, Weintrauben, Oliven, Datteln, Feigen und Granatäpfel. Neben der Bedeutung als Ernte- und Opferfest hat es noch eine weitere: Zu Schawuot wurden Mosche von Gott die → Zehn Gebote gegeben, weshalb dieses Fest auch Chag Matan Torah genannt wird, was ungefähr Fest der Gesetzgebung bedeutet. Da das Volk Israel zu diesem Zeitpunkt die Regeln der → Kaschrut noch nicht kannte, ist es üblich, zu Schawuot Milchspeisen zu essen, um keines der Speisegesetze zu übertreten.

Schemini Azeret

Schemini Azeret ist das Schlussfest, mit dem → Sukkot beendet wird.

Schemot

Schemot bedeutet »Namen«. Das 2. Buch Moses, Exodus, wird in Hebräisch so genannt.

Schiwe

Nach jüdischem Brauch verlassen die direkten Angehörigen eines Verstorbenen zum Zeichen der Trauer sieben Tage lang nicht ihr Haus. Sie werden dort von Verwandten, Freunden und Nachbarn besucht, die sie trösten, versorgen und mit ihnen jeden Tag → Kaddisch, das Totengebet, sprechen. Das Wort Schiwe ist von dem hebräischen Zahlwort Schewa für sieben abgelei-

tet. Zum Zeichen der Trauer schneiden sich die Hinterbliebenen nicht ihre Haare und die Männer lassen sich Bärte wachsen. Nach dem Ende der Schiwe wird am Grab Kaddisch gesagt, danach besucht man den Friedhof erst wieder nach 30 Tagen und dann jedes Jahr zum Todestag des Verstorbenen. Entweder nach 30 Tagen oder zum 1. Jahrestag wird der Grabstein gesetzt.

Schlachmunes

Schlachmunes ist der → jiddische Ausdruck für Mischloach Manot, was man etwa mit »Verschickung von Portionen« übersetzen könnte. Zu → Purim ist es Brauch, Freunden und Verwandten, Nachbarn und besonders armen Leuten Körbe mit Speisen und Getränken zu schicken. Dies wird als Ausdruck der Freude über die Rettung der persischen Juden verstanden. Mit den Schlachmunes möchte man erreichen, dass jeder die Möglichkeit hat, dieses Fest fröhlich und sorglos zu feiern. Meistens überbringen Kinder in ihren Purimkostümen diese Geschenke.

Schma Israel

Schma Israel bedeutet »Höre Israel«. Mit diesen Worten beginnt das Glaubensbekenntnis, dessen erster Satz übersetzt heißt: »Höre Israel, der Herr ist unser Gott, der Herr ist einer.« Es steht im 6. Kapitel des 5. Buches Moses und wird jeden Tag gebetet.

Schoa

→ Holocaust

Schofar

Der Schofar ist ein Widderhorn, das als Blasinstrument benutzt wird. Sein durchdringender Ton wird als Warn- oder Mahnruf benutzt. In früheren Zeiten wurde der Schofar auch als Kampfruf eingesetzt. In der Geschichte um die Eroberung der Stadt Jericho wird berichtet, dass die Mauern der Stadt durch das Blasen der Schofarim (pl. von Schofar) fielen. Der Schofar wird während des letzten Monats des jüdischen Kalenders, dem Monat Elul, und den hohen Feiertagen → Rosch Haschanah und → Jom Kippur zur Mahnung der Gläubigen geblasen. Es gehört zu den → Mizvot, seinen Ton zu hören. Manchmal wird er auch zur Warnung vor Gefahren benutzt.

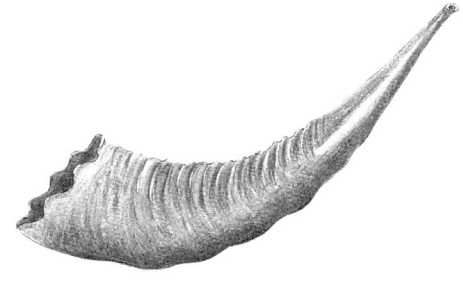

Schwat

Der 5. Monat des jüdischen Kalenders heißt Schwat.

Sederabend

Das → Pessachfest beginnt mit dem Sederabend. Seder bedeutet »Ordnung«. Der Sederabend hat einen festgelegten Ablauf oder eine Ordnung, die durch die → Agadah bestimmt wird. Während der Zeremonie des Abends werden bestimmte Speisen wie hartgekochte Eier in Salzwasser, bittere Kräuter oder ein Mus aus Nüssen, Äpfeln und Wein verzehrt, die die schwere Sklavenarbeit in Ägypten, die dort vergossenen Tränen, den Lehm, mit dem die Pyramiden gebaut wurden, aber auch die Hoffnung auf Befreiung aus der Sklaverei symbolisieren. Sie werden auf einem besonderen Teller, dem Sederteller, angerichtet. Es ist üblich, den Sederabend nicht nur mit der Familie zu begehen, sondern auch Gäste und Fremde von der Straße einzuladen. Immer wieder wird an diesem Abend daran erinnert, dass Juden Fremde in Ägypten waren und man Fremden deshalb besonderen Schutz und Hilfe geben muss. Das Lesen der Pessachagadah und das Erzählen der Geschichte der Sklaverei und des Auszugs aus Ägypten gehören zu den → Mizvot.

Simchat Torah

Das Fest Simchat Torah wird in Deutsch Gesetzesfreuden genannt. Es wird zum Dank und zur Erinnerung daran gefeiert, dass Gott dem Volk Israel während der 40-jährigen Wanderung durch die Wüste die Torah gegeben hat. Dieses Fest schließt sich direkt an → Sukkot an und beendet einen etwa dreiwöchigen Feiertagszyklus, der mit dem Neujahrsfest → Rosch Haschanah beginnt. Zu Simchat Torah wird der letzte Abschnitt des 5. Buches Moses gelesen und damit der jährliche Lesezyklus der Torah abgeschlossen. Am darauf folgenden Schabbat beginnt man

wieder mit dem ersten Abschnitt des 1. Buches, der Schöpfungsgeschichte. Wenn die Lesung der Torah abgeschlossen ist, werden alle Torahrollen aus dem → Aharon Hakodesch genommen und mit ihnen in der Synagoge getanzt und gesungen. Simchat Torah ist ein Freudenfest.

Sukkah

Sukkah ist das hebräische Wort für Laubhütte, → Sukkot.

Sukkot

Sukkot ist der hebräische Name für das Laubhüttenfest. Es ist das dritte der drei → Wallfahrtsfeste. Zur Erinnerung an die 40-jährige Wanderung durch die Wüste, während der das Volk Israel nur in provisorischen Hütten gelebt hat, werden Laubhütten, Sukkot, aufgebaut. Ihr Dach wird mit Laub bedeckt, so dass man die Sterne hindurch sehen kann. Während der 8-tägigen Dauer des Festes wird in diesen Laubhütten gegessen, gelernt und – wenn es das Klima erlaubt – auch geschlafen. Da Sukkot auch ein Erntedankfest ist, wird die → Sukkah mit Obst und Gemüse geschmückt. Es gehört zu den → Mizvot, in der Sukkah zu sitzen.

Synagoge

Eine Synagoge ist ein jüdisches Bethaus. Das Wort kommt aus dem Griechischen. In Hebräisch heißt es Beit Haknesset – Haus der Versammlung. Hier wird nicht nur gebetet, sondern auch gelernt. Eine Synagoge kann ein Zimmer in einem Haus oder auch ein prachtvoller Bau sein. Wichtig ist, dass sie einen → Aharon Hakodesch, ein ewiges Licht und ein Becken zum Händewaschen besitzt.

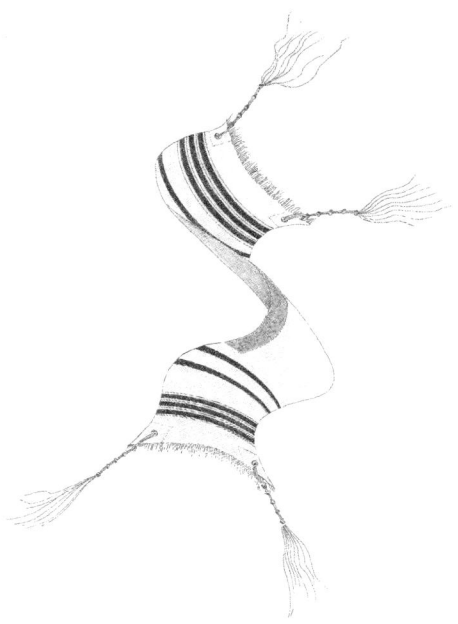

Talit

Der Talit ist ein Gebetsschal. Er wird von den Männern während des Gebets getragen. An seinen vier Enden befinden sich die → Zizit, zusammen geknotete Fäden, die an den Bund Gottes mit Abraham und seinen Nachkommen erinnern und die Betenden an die Einhaltung der Gebote Gottes mahnen sollen.

Tenach

Die hebräische Bibel besteht aus drei Teilen, die wiederum in verschiedene Bücher unterteilt sind. Der erste Teil, die → Torah, umfasst die 5 Bücher Moses. Der zweite Teil heißt Newi'im, Propheten. Der dritte Teil sind die Chetuwim, Schriften. Hier stehen z. B. die Psalmen König Davids oder die Bücher Ruth und Esther. Der Name **Te**nach ist aus den Anfangsbuchstaben der drei Teile **T**orah, **N**ewi:im, **Ch**etuwim zusammengesetzt. Er entspricht etwa dem Alten bzw. Ersten Testament.

Tfillin

Es gehört zu den → Mizvot eines erwachsenen Mannes, jeden Tag Tfillin zu legen. Das sind Gebetsriemen, die um den Kopf und den linken Arm gebunden werden. In einer Kapsel, die auf die Stirn gebunden wird, liegt ein Stück Pergament mit dem Glaubensbekenntnis, dem → Schma Israel. Um die linke Hand wird der Gebetsriemen so gebunden, dass er auf dem Handrücken die Form des hebräischen Buchstabens Schin bildet, dem Anfangsbuchstaben sowohl des Schma Israel als auch eines der Namen Gottes (→ Mesusah).

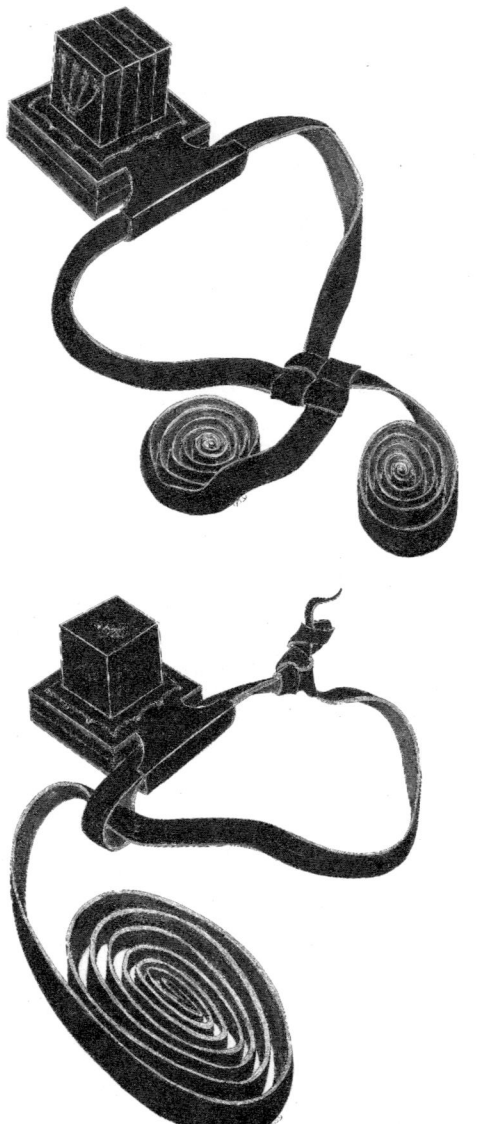

Tischah Be'Aw

Am 9. Aw, in Hebräisch Tischah Be'Aw, wurde sowohl der erste Tempel in Jerusalem durch den babylonischen König Nebukadnezar 586 v. Chr. als auch der zweite Tempel durch die Römer 70 n. Chr. zerstört. Tischah Be'Aw ist ein Trauertag für das jüdische Volk, an dem gefastet wird. Mit der Zerstörung des zweiten Tempels endete die Selbständigkeit des jüdischen Volkes, das seitdem in seiner Mehrheit über die ganze Welt verstreut in der → Golah lebt. Aw ist der Name des 11. Monats des → jüdischen Kalenders und liegt im Hochsommer.

Tischrei

Tischrei ist der 1. Monat des jüdischen Jahres. In ihm liegen die Hohen Feiertage → Rosch Haschanah, → Jom Kippur sowie → Sukkot.

Torah

Die 5 Bücher Moses heißen in Hebräisch Torah. Das Wort bedeutet Lehre oder auch Gesetz. Die Torah ist die wichtigste Schrift im Judentum. Auf ihr basiert die jüdische Religion. Alle ihre Regeln und Gesetze leiten sich aus der Torah ab. In der heutigen Form wurde sie vor etwa 2500 Jahren verfasst. Genauso wie zu den Zeiten, als es noch keine Buchdruckereien gab, wird die Torah auch heute noch mit der Hand auf besonderem Pergament, also ganz dünnen Tierhäuten, geschrieben, die nach einem festgelegten System zusammengenäht werden. So entsteht ein langes Band, das an seinen beiden Enden auf zwei Holzstöcke gerollt wird. Daher kommt der Name »Torahrolle«. Sie wird in einen besonders verzierten »Mantel« gehüllt, mit einem Schild, Kronen und dem Lesefinger geschmückt und so im → Aharon Hakodesch aufbewahrt. Aus diesen Torahrollen wird am Schabbat in der → Synagoge vorgelesen. Natürlich wird die Torah auch als gedrucktes Buch hergestellt und so z. B. zum Lernen benutzt.

Vajikra
Vajikra heißt das 3. Buch Moses, Leviticus.

Wallfahrtsfest
Noch während der 40-jährigen Wanderung durch die Wüste wurden von Gott drei Wallfahrtsfeste bestimmt, zu denen das Volk Israel zum Tempel pilgern sollte, um dort die vorgeschriebenen Opfer zu bringen. Es sind die Feste → Pessach, → Schawuot und → Sukkot. Seit der Zerstörung des zweiten Tempels gibt es im Judentum keine Opfer mehr.

Torahrollen
→ Torah

Trendel
Ein Trendel ist ein Kreisel, auf den die vier hebräischen Buchstaben Nun, Gimel, Hej, Schin geschrieben wurden. Dies sind die Anfangsbuchstaben des Satzes: »Nes gadol hajah scham«; »ein großes Wunder ist dort geschehen.« Damit ist das Wunder mit dem Ölkrug gemeint (→ Chanukkah). Mit diesem Trendel wird zu Chanukkah ein besonderes Spiel gespielt. Der Einsatz sind Nüsse, Münzen, Bonbons oder Ähnliches. Die Buchstaben bedeuten Gewinn oder Verlust.

Zedakah
Das Wort Zedakah bedeutet übersetzt Gerechtigkeit. Es bezeichnet einen ganzen Komplex von → Mizvot, die die Verpflichtungen zu spenden sowie Armen, Kranken, Waisen und Witwen zu helfen, umfassen. Es gibt acht Stufen von Zedakah. Die unterste ist, jemandem Geld zu geben, die oberste, jemandem anonym zu helfen, so dass der Helfende den Empfänger seiner Spende nicht kennt und umgekehrt der Hilfsbedürftige nicht weiß, wer ihm geholfen hat. Diese

Reihenfolge hängt mit dem Verbot im Judentum zusammen, einen anderen zu beschämen. Die beste Unterstützung ist es, jemandem Arbeit zu verschaffen, mit der er sich und seine Familie ernähren kann und damit unabhängig von der Unterstützung anderer wird.

Zizit

Als Gott mit Abraham den Bund schloss, ihm zahlreiche Nachkommen zu schenken und sie in das Gelobte Land zu führen, das er ihm und seinen Nachkommen versprochen hatte, gebot er Abraham, zum Zeichen des Bundes Fäden an den vier Ecken seines Gewandes zu tragen. Diese Schaufäden heißen Zizit. Sie befinden sich an den Enden des Gebetsschals → Talit. Fromme Juden tragen deshalb Unterhemden, an denen Zizit angebracht sind.

Georg Schwikart

Julia und Ibrahim

Christen und Muslime lernen einander kennen

Mit Illustrationen von Gretje Witt

80 Seiten, durchgehend bebildert,

Format 16,5 x 23 cm

ISBN 3-491-79437-4

Georg Schwikart

Gott hat viele Namen

Kinder aus aller Welt erzählen von ihrem Glauben

Mit Illustrationen von Markus Humbach

90 Seiten, durchgehend bebildert,

Format 16,5 x 23 cm

ISBN 3-491-79479-X

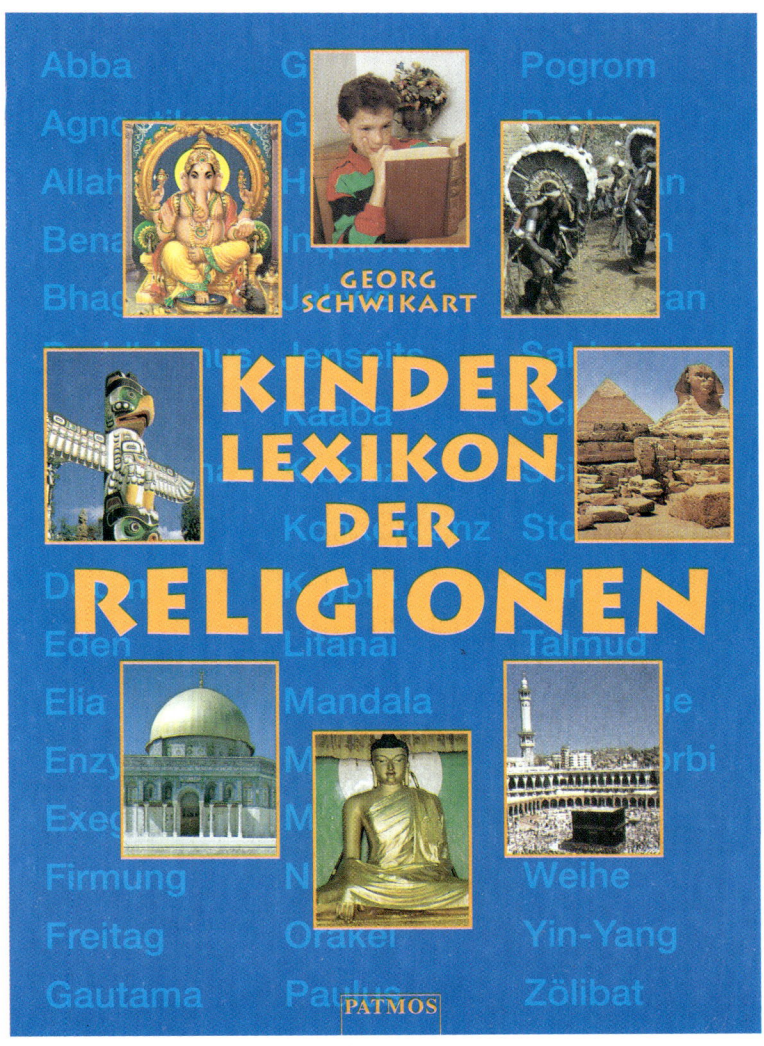

Georg Schwikart

Kinderlexikon der Religionen

104 Seiten, durchgehend bebildert,

Format 16,5 x 23 cm

ISBN 3-491-79491-9